U0060196

21天學會財商

創造財富的新思路

王志吉 著

推薦序一

2020年8月16日王寬老師在盛德信年會同步發行、簽售的第一本著作，仿佛還在咀嚼品味中，2021年伊始，另一本截然不同的新作，又將運用他一貫深入淺出的筆觸，帶領大家進入另一個看似熟悉，卻陌生的堂奧。

如果說第一本書是降龍十八掌的招式圖解，這本新作更像是武功心法，到第十八式的「亢龍有悔」很多習者拘泥在表面形式，臨門一腳無法突破時，發現原來是「初心」跑位了，或是找不到為「初心」定錨的方法，這本新作無疑是一場恰如其分的及時雨，與其說是兩本書，更像是上下冊。

書中用了大量的故事，輕鬆之餘，卻隱藏著循序漸進的腦補良方，明白揭示出有想法，然後必須有方法，最後才能落實成作法。

作者在自序和第一章都提到猶太人的成功原因，發人深省之餘，但，也發現過往許多人未做深入研究，調查前，對猶太人普遍存有吝嗇、聰明、排他，以及曾經流離失所的簡單既成印象，的確，猶太人一直流離失所，直到公元前14世紀左右摩西帶領猶太人出埃及，穿過紅海，到了耶和華應許流滿奶和蜜的迦南美地，但，命運似乎仍然持續考驗著猶太人，前後歷經多次滅國，二戰期間，更遭受納粹大規模的屠殺、迫害，但，最終仍無法將猶太人徹底擊垮。1948年猶太人在阿拉伯國家環伺下，終於正式建立以色列，直到現在國力及科技表現，都在全世界占有特殊領先地位，在海外傑出的猶太人更是不勝枚舉，這一切成就的背後原因，實在值得我們深入探討。

猶太人是不是特別聰明？科學上無法給出答案，以人種起源論推之，我寧可相信猶太人並非天生特別聰明，就如同有人說：晉商、浙商、徽商深諳經商之道一般，其實關鍵在養成的過程，而非命定，上述三地的商人，共通點都是師徒制，描寫晉商的小說《白銀谷》，就清楚的寫到幾個重點，晉商的票號（有點像現在的銀行），入行先當學徒，然後表現好的取得身股（紅利分配權），一段時間後，再擇優負責票號，這時就能取得財股（股票分配），不論晉、浙、徽商都是如此，也就是他們遵奉100％複製傳承，然後，大家也願意堅守「對的規矩」，努力以赴。這又一次說明，沒有地域、人種問題，成功者都是信奉簡單的道理，並堅持做下去，過程中絲毫不生懷疑。

回到王寬老師書中提到猶太人自幼對《塔木德》及其他經典的研讀、學習，並且深信不疑，這種力量的可怕，恐怕才是猶太人傑出的真正原因。直銷、連鎖加盟、新零售等，各種事業中，取得巨大成功者，比比皆是，其中有高級知識分子、賣菜小販、修車工人、家庭主婦、退休人員，雖然看不出有哪一個客觀標準，可以證明只有哪一類人能在相關事業獲得成功，但是，有個隱形卻無關乎出身背景、學歷、職業的唯一標準還是存在，這個答案在王寬老師的新作裡，昭然若揭。

最後，我想用「捨得」來做為對王寬老師《21天學會財商，創造財富的新思路》新書的深層推薦與總結，當你汲汲營營在為你的人生奮鬥，你是否在「捨」與「得」之間，經常拿捏失準，弄到進退維谷、徬徨懷疑，不斷重新來過，終致一事無成，怨天尤人。其實，真正的原因，就出在你「捨」與「得」看成短期對價關係，投入與產出不僅要立刻實現，並且要大於1～無限大，因此，結局總是「希望大=失望快」，這種要命的通病，在王寬老師的新書中，提供了所有人都能夠輕鬆找到的100%解方。

最後祝福所有讀者，透過研讀本書並加以內化，讓人生、事業更上一層樓。

王文龍

盛德信環球集團董事長

推薦序二

繼上次拜讀王寬老師的《100天成功建立事業渠道》一書之後，這次深感榮幸能再次受邀為其這本《21天學會財商，創造財富的新思路》新書撰寫其序。

在跟王寬老師相處的這段期間，每次聽到他提到有關於金錢的精湛見解，經事後再三咀嚼其背後深遠意涵，猛然發現這其中所蘊含道理深不可測。

王寬老師在21天財商的這本書中，運用淺顯易懂的文字，娓娓道出並解決許多人困擾一輩子的煩惱，讓讀者在閱讀之際隨即更為一目了然，深入其中道理。依照每個章節的巧妙安排，令讀者隨即容易就能去吸收、了解，經過層層條理分明漸進式的引導，使其頓悟，原來簡單易懂人盡所知每件事情背後，經由理事分析之後，猶如昭然若揭更容易落實於平時生活之中。

「立志做大事，而不是立志賺大錢。」

我全心投入在健康事業之中，始終堅信因自己的信念，能把健康帶給所有人；所以，在我從事這行業以來，所立下的目標就是：「讓擁抱健康，不僅僅只是富人的權利而已」。

如何讓更多對於健康有需求的人，都能使用到更好的產品，進而擁抱更美好、更健康的人生，這份初衷始終是我自己所秉持的核心理念。自一開始就以正念且積極的方式去找到需要前往的道路，立志將每一件事情做大、做深、做廣之際，仍不忘悖離當初的原則；因而一路以來跟隨著盛德信創辦人王董，一起共同拚搏從事健康事業，亦不忘將盛德信環球集團的經營理念「愛、關懷、生命力」發揚出去。

當對人有了「愛」、產生了「關懷」，自然而然人脈就隨之伴隨而來，那是因為能帶來正向的信念，不僅只是創造自己的價值而已，同時也提升了他人的價值；所以，若你也想讓錢脈伴隨著要付出僅僅是將自己的價值發揮到極限，當你做到提高自己或他人價值時，這一切也會與時偕行，進而再去帶動他人成長、成功，這樣也才能對社會有更多的貢獻及付出的過程時，同時也實現自己的理想，進而帶動社會成長，形成更大良性善的循環。

因此，人的一生中，均需不斷地去學習、不停地去創造收入，並帶給所有人正面的想法，鼓勵所有人提升自我的價值後，相信不僅僅是個人，連同身邊的一切人事物，也一定都能變得更加美好。

王寬老師的這本新書，一定會帶著你一步步地走向成功，僅以個人在看完這本書之後，分享給各位讀者，期許能與大家共勉。

林志錫

盛德信環球集團　副董事長

推薦序三

金錢等於價值的交換。

敬愛的寶哥又出書了，在我認識的寶哥是一位幽默有趣又具有內涵的超級教練，這一次寶哥傳授給你在21天學會財商創造財富的新思路。寶哥總是可以用最淺顯易懂的方式來詮釋一個深奧的道理真是讓人敬佩。近距離的跟寶哥學習和觀察，他真的是一個成功的實踐家，總是願意捨得將他的智慧分享給眾人，在他的臉上常常看到喜悅和希望。一個沒有祕密的人就會生活在陽光下，看不到自己的陰影，樂觀開心、平安自在的享受生命。

金錢就是價值的交換，要成為成功的有錢人，必須要從內在的素質建立，創造財富的方法步驟和目標，預期相信自己成功後人享受的生活態度。書裡的小故事常常能勾動我心裡的感動，週遭有好多人都陷入同樣的情境，期待這本書可以給朋友們新的智慧，走出自己快樂幸福的人生。

在醫療健康產業的創業過程中，除了希望可以幫助朋友們能快速有效地找到自己對待健康方式，能願意持之以恆自我自覺的努力付出執行。在直銷的領域同樣可以給一套快速有效的致勝方程式。

繼寶哥上一本巨作《100天成功建立事業渠道》，這本《21天學會財商，創造財富的新思路》無疑更能建立好一個成功富有的人內在素質。幫助更多的人成為良善有錢人，讓世界更富足美好，善德信盛之道。

李宏茂

T&E Global教育執行長

推薦序四

人因夢想而偉大，周星馳曾說：「做人如果沒夢想，那跟鹹魚有什麼差別？」只要找到目標勇往直前，相信你我的未來都不再是問號。

王寬（寶哥）老師「21天學會財商，創造財富的新思路」新書出版之際，邀我撰寫文推薦，實在不敢當，僅提供以下的一些拙見，希望能幫助讀者了解王寬（寶哥）老師的人生理念、價值觀，以及對成功的獨到見解，王寬老師講授成功管理哲學，非常生動感人，彷彿在他的心目之中對成功管理心法有無限美麗的風景似的，令人流連忘返，王寬老師授課極為認真，同學們任何疑惑，他都親切熱忱，很有耐心的解答，不厭其煩的分析，他以最淺白、最簡單的譬喻，孜孜不倦地啟發、教導，他以四兩撥千斤的氣勢，把最深奧的成功管理哲學說得如此平易近人，多麼教人心悅誠服，使學者對成功管理心法豁然開朗，每次恭聆王寬老師授課，總覺得有如接受一次洗滌般那麼感到愉悅。

身處一個人人都想成功的時代，弔詭的是～很少人知道成功的最終的定義？其實，成功是我們對他人賦予的見解，或社會約定俗成的標準，如果問你比爾・蓋茲是成功人士嗎？想必每個人都會點頭稱是，因為他在社會上擁有一定的身分和地位，更重要的是他擁有可觀的財富，但如果你問比爾・蓋茲本人：「你覺得自己成功嗎？」得到的答案可能就耐人尋味。

身處變遷快速的社會，徬徨不安的我們，總認為成功就是找到一個快速致富的捷徑，但從未想過認真去替自己設定一個理想、目標，那個就是您成功的終點，你要做的便是讓自己更好，想方設法的讓自己朝終點邁進；每天都前進一小步，一步一腳印，過程可能緩慢，但你始終朝前方而行，最終至少證明你一直在成功的路上，或你已是其他人眼中欽羨的成功人士。

俗話說：「不想當將軍的士兵就不是好士兵」，這句話激勵著你我奮發向上，而人的態度將決定自己的一生，若你沒有想要成功，那就永遠無法邁向成功。但如果你總是幻想著自己成功，卻又不付出努力，調整態度、積極向上，那你也始終無法達到成功的彼岸，無法達成自己目標，更不可能獲取一般人對您成功的認可。

成功的人，不僅在事業上能獲得成就，獲取實質的社經地位外，內在的充實也是很重要的一環，本書由王寬（寶哥）老師傳授獨門見解，不藏私的將成功心法傾囊相授！在獲得成功前，你該注意什麼？又該具備些什麼？而又要在哪些地方加強努力？加以王寬（寶哥）老師長期輔導各行各業做銷售、營銷管理培訓經驗相當豐富，曾幫助過許多企業及個人邁向成功。

王寬（寶哥）老師這本實務心法，內容淺顯易懂，故事生動引人入勝，一定能幫助讀者充實、強化內在知識領域，堅定在事業上衝刺的信心，將內在知識啟迪活化到外在事業的衝勁，賦予自己實質的執行力，進而產生銷售力，創造屬於自己的成功與財富。

林晉德
T&E GLOBAL集團專任講師
大學管理學院教授／將軍

推薦序五

追求全方位幸福的財商教育

欣聞好友志吉老師今年再度出版新書，除了為他高興，更感驚喜！早在第一本書「100天成功建立事業渠道」出版之前，就被邀稿寫序，本以為是朋友間的戲言，沒有當真，倒不是不相信他會真的出書，而是深感自己才疏學淺，怕有負他的厚愛；書成之後，碰上疫情稍緩，工作上有許多事情要趕緊應變調整，同時希望自己一定要拜讀之後才敢下筆，讀後發現確實是兼具實用與易讀的好書，然而因時間緊湊的情況下，加上也看到TOTALIFE集團孫總裁為其寫的序文內容，其中許多也是我想寫的卻又表達得更深刻細膩，因此決定在後續上市發表和課程合作上以實際行動表達支持。在實際課程合作中，我更加感受到該書的內容絕對是具有可操作及可實現的寶貴價值！

這次收到這本《21天學會財商，創造財富的新思路》的書稿，不敢再拖延，立刻抽空拜讀。這11萬多字的好書，志吉老師用自己的人生經歷和10個引人深思的故事，加上旁徵博引各種理論智慧與創見，談及身心靈的全面發展，我在二天內讀完，有種欲罷不能的暢快感覺！回想自己剛出社會不久就因處理家庭經濟狀況而大量負債，期間嚐盡人情冷暖，也認識到許多自己都不自覺的內在面向與行為反應，更因此人生有了個大轉彎。然後在個偶然的機緣，突然覺知到負債累累的人是不可能擁有有尊嚴的生活的，而開始下定決心面對現實，調整自己。學習理債、賺錢、儲蓄與投資，當時很多做法，其實是自己胡亂摸索出來的，很幸運地是，大體上方向是正確的，雖然有些曲折，但最終也解決了財務問題，同時從這過程中學到自律與發展更高的自信，擴及生活其他面向的成長與收穫。我常想如果沒有這段經歷，或許我可能不會那麼早認識到金錢是值得自己關注的焦點，也不會意識到財商教育應該是每個人必要學習的知識和技能，因此現在也在工作崗位上分享「無貧覺醒」的理念與做法，主要目標不是談如何大富大貴，而著重在經濟和心靈上的不虞匱乏。讀完志吉老師這本《21天學會財商，創造財富的新思路》，真的深有共鳴與諸多啟發，細細品味就會發現，這絕不只是一本學習及提高財商的書，更是追求全方位幸福生活的智慧寶典！

很多研究都指出有錢人不一定幸福，甚至有許多的不快樂與問題，從而引證金錢與幸福無關。我總覺得這是一種謬誤！幸福感是很主觀的，而且「同樣的感覺」其實在每個人之間存在著「很不一樣的差別」。但就邏輯上來講，必要條件與充分條件是不同的，必要條件是沒有它不行，但有了它也不一定可以實現結果；而充分條件就是具備了就可以成就結果。我個人的經驗，深刻體會過沒錢、貧窮的時候是多麼容易讓人陷入絕境或加大一個人或家庭的困境，甚至衍生出其他嚴重問題；而有錢、經濟健康時，至少可以讓人比較從容面對當下的問題或專注於想要的追求；更何況，如果深入了解金錢的本質，就是價值的表徵與交換的媒介，一個人能擁有的財富其實就是他所創造的價值，所以傾向於認為在現代社會中，經濟健康是追求幸福的必要條件而不是充分條件。既然是必要條件，如何讓自己經濟健康，就是追求幸福的必修課之一，那這本《21天學會財商，創造財富的新思路》絕對也是必讀的好選擇，我樂於推薦給大家！

麥志民

秀得美國際股份有限公司總經理

推薦序六

理想成就美好、財富實現理想

近因好友王寬（下稱寶哥）《21天學會財商，創造財富的新思路》新書問世，邀我為新書作序，盛情難卻之下，謹以投桃報李之心，叼絮幾句，或有以管窺天、以蠡測海之象，但仍期以一己之淺見，評述一二，冀能拋磚引玉，廣開思路，讓我為此書真正之價值狗尾續貂，讓大家一起來一窺堂奧。

「理想很豐滿、現實很骨感。」

很多人對未來充滿期待，每天都是被夢想叫醒，為理想而奮鬥，但是隨著年紀漸長，日子一天一天過去，夢想似乎遙不可及，理想更是消融於酒水之間，輕彈於煙灰之上，最後不得不妥協於肚皮，為三餐張羅，為工作苟延，生命至此，變得不敢夢、不敢想，原因很簡單，英雄氣短，只因財富不長；寶哥將「21天學會財商」，這本成功的人、富有的人，能夠成功、能夠富有的觀念、態度、方法、技能，用深入淺出的方式，用淺顯易懂的故事譬喻，將本來只屬帝王權貴之家學，簡單公諸於世，使一般上班、小資族，普通人及普羅大眾，皆有機會藉由改變觀念、學會財商、實踐書中提示技能，邁向發達成功之路，使理想繼續豐滿，現實不再骨感，夢想也得以實現，每天又活在希望之中。

中國作為世界數一數二之大國，近代以來，經濟發展、科技進步，人民素質日益提高，2020年在國家領導，眾人集體努力之下，順利脫貧摘帽，全面邁向小康，這只是新世紀中國崛起之濫觴。而寶哥所撰之《21天學會財商，創造財富的新思路》，剛好扣住時代脈動，切合人民群眾之需要，除卻脫貧摘帽，人們更需要能夠成功致富的方法，書中不僅提及財富五大階段該如何一步一步去經營及提升，更告訴大家，生命的富足，不僅止於財富的不虞匱乏，更需要去兼顧心理的快樂、心靈的幸福，且不要因為了追求財富而去犧牲時間、快樂、健康與幸福，更不要為了賺錢而扭曲自己、出賣靈魂與魔鬼做交易，這是邁向財富自由，追求人生自我終極實現的正道，我大膽為其背書。

個人有幸與寶哥在工作上結緣，雖不敢說認識多深，但君子以義交，在這個點上，我相信寶哥的為人，也對其在社會之佳評略有耳聞，今拜讀其新著，更加確認其為人、其初心、其發念，應該是從善出發，從好去理解，這是一本傳世之寶典，可作為正確理解錢的意義、財富的價值與生命的實踐，期待大家一起大力去推廣分享，以善、以德、以信，豐盛人生。

何文 博士

理想科技集團有限公司／董事

推薦序七

志吉是我在彰化高中擔任教官時1991年畢業的學生（弟），當時剛好是曾勘仁校長來的前幾年，學校從原本低迷的學風，轉變成關心、關懷、與鼓勵成長、適性發展的方向調整，社會各界對彰中的風評與觀感，也開始改變；在全校師生及家長的共同努力下，將原本狹隘及老舊的教室與行政辦公室逐一改建，陸續更迭，奠定了今日開闊與包容的格局，懷舊與摩登並進的校園。

印象中，志吉是一個活潑開朗的學生，在當時所就讀的3年5班擔任班長，熱心公益，為同學、為班級、為學校，熱忱付出，因為是自己的學生，今日憶起，雖難免有老王賣瓜之嫌，終究瑕不掩瑜，對於他持續努力能有今日的成就，是為人師者最大的喜悅。

2020年，因為新冠疫情的關係，志吉從大陸回來，師生之緣，也因機緣巧合而再次重逢。我邀請他加入校友會，參加彰化縣彰化高中國際獅子會並獲選擔任理事，期待他能學習、傳承，進而為學校、師長做出貢獻與付出，心中特別高興。

彰中的學生天性純樸善良，志吉雖經過社會的浸染，歷經金錢的誘惑，名位的荼毒，但仍保持良善的天性，對校長、師長恭敬；對學長、學弟友愛，對人謙卑低下有禮，不因他曾經擁有的成就而居功自傲，這是學校教育的成功，這是我們為人師表，略感欣慰，對自己能略盡棉薄之力，終能為國家社會作育英才，忝以為功。

2020年志吉曾請曾勘仁校長為其《100天成功建立事業渠道》作序，記憶猶新之中，他竟以迅雷之勢，再出第二本《21天學會財商，創造財富的新思路》，只能說，他在離開學校之後，厚積薄發，終於待到天時。

細細品起書中內容，深感社會教育當中，對學生的基礎學術養成、人格品德培育雖有諸多著墨。在學生離開學校、進入社會服務時，如何養成正確的金錢觀、財商觀，確有不足。以今社會形勢觀之，正因許多人的價值觀被金錢扭曲，才有笑貧不笑娼，只問名利、不問品行的社會風氣，所謂「德不配位、必有災殃」，這是我們共同需要面對的問題，是所有從事教育的人員，應該嚴肅面對的課題。

孟子說：「窮則獨善其身，達則兼濟天下」，窮讀書、死讀書的時代已經過去。在傳統「萬般皆下品、唯有讀書高」的思潮影響下，許多人忽略了，人存活於世中，如何透過自己的學習，將能力轉化為價值，讓價值對應價格，讓價格轉化成財富，讓財富成就自己，進而成就別人、兼濟天下的濟世之道。

在志吉的書中，藉由淺顯易懂的知識系統、親身經歷感悟的財商故事、旁徵博引、深入淺出，帶出了如何在現今的環境下，經由觀念的改變、價值的重塑，一步一步，正確的邁向財富自由的道路。

這是一本可以活用的工具之書，將一般人難窺堂奧的財富心學，公諸於世，我推薦大家一定要好好研讀。

葉論昶 博士

前彰化高中主任教官／嘉義大學軍訓室主任

推薦序八

非常榮幸可以為寶哥最新作品寫推薦序。

寶哥是我透過業界的交誼認識的大師。既是大師，當時初次見面的最大印象就是感覺寶哥博學多聞，也體會到其有的友善樸實交流，是個扎扎實實成功的企業家。

我在2020年的時候有幸閱讀他第一本筆著的《100天成功建立事業渠道》。看完後我的心情竟然是帶有失落感的。因為最大的遺憾是假設出版早多年前的話，依樣畫葫蘆照其內容完美執行所需細節，我所帶領的直銷團隊成果更會事半功倍！

當我知悉寶哥即將出版他的第二本《21天學會財商，創造財富的新思路》我是非常期待這次他帶來的內容會有什麼樣的驚喜。

這本巨作就有如同他簡簡單單五個字的標題。就是任何人不管有沒有財務知識的背景，都可以很輕鬆閱讀，很輕易理解道理，更可以讓讀者很明確的在21天內吸取他文中的精華，使其在財務理念上促使迅速的蛻變。

我們目前處在的世界與世代和過往大有不同。迅速發達的科技籠罩了我們的世代，賦予人們創造出不同，更多，更日新月異的商機。而目前全球也因為疫情持續不懈的干擾，人們的世界也變得不一樣了。生活作息改變了，各行各業運作上改變了，個人以往的一些執著與堅持也受到檢討了。更擔憂的是，經濟的衝擊在多個國家因為疫情而處於嚴重的負成長。經濟蕭條的常態也因此造成人們在生活上突然有巨大的財務壓力！

所以這本書出現的時機非常的剛好。

特別是因為在目前經濟景色不確定之下，這書能夠給與財務上迷失或不理解的讀者正能量的開解，給讀者們的臉上掛出一個欣慰的微笑。

這本書透過寶哥的個人身經體驗，以很多例子敘述了基本財務概念，灌輸我們正面理財的觀點。書裡也引用了經典名人的案例以強化提倡思維的轉變，如何以個人力量創造出屬於自己的真正財富。最終要的是，自己如何營造出超於固定支出的被動收入，成為正真的有錢人。

如果2021年只能夠選擇一本你想看，想給自己提升價值的書，那《21天學會財商，創造財富的新思路》絕對是必讀的！

陳之領（Mike Tan）

Elken Global, 愛康全球區域副總裁

推薦序九

財富聖經～21天學會財商，創造財富新思路

感謝彰化高中的學弟志吉，讓我為他的大作寫序，藉由這個機會，我有幸可以優先拜讀本書！

志吉學弟彬彬有禮、進退得宜，是一名王牌講師、成功的企業家！這本書淺顯易懂、內容紮實、擲地有聲，運用了許多小故事，讓人對理財觀念立刻領略，又充滿了激勵人心的效果！

我看完本書的第一件事，便開始每天記帳，過去我過度依賴我內人處理大大小小的財務問題，但是我現在學習面對自己，希望在未來的人生旅途，可以更真實的擁有財富、更有效率的創造財富、更妥善的運用財富！

作者說：人有兩本存摺，一本是有形的存摺，一本是無形的存摺，因為我是幸福學堂的創辦人，所以我又要特別加一本幸福存摺，就像作者所提到的人生三大所追求：身～財富，心～快樂，靈～幸福。

財富到手了，更要追求心靈的快樂、幸福，及對社會的公益付出。開始對社會公益的付出，人生才能更加充實、完整。施比受更有福、感恩就會幸福！

大富由天，小富由儉，但是要富足一生，一定要看完本書，這是人人必讀的財富聖經！希望每個人都可以善用書中的各種理財觀念和工具，達到生命中最實在的富足，人人有錢、心中有愛、活出幸福！

紀慶堂

幸福學堂創辦人

推薦序十

深入淺出、隱喻動人的理財工具書，也是組織行銷脫胎換骨的指北針！

再次接到為寶哥的「21天學會財商」寫序邀約，內心依然惶恐，個人從來沒有真正的探討過財商（只從富爸爸窮爸爸一書中得到些許啟發），好奇心驅使看完了此書，也得知寶哥的寫書陽謀，欽佩之餘，也想與讀者分享一個傳銷理想家的閱讀心得。

1、財商觀念的建立，攸關你的財富地圖

- 正確認識金錢：從人生的三大追求及三大覺醒，去充分了解錢的魅力，及睡後收入的重要性。
- 轉換窮人的習慣沒錢到富人的思維：我非常喜歡「窮人用錢衡量價值、富人用時間衡量價值」的引喻，一語點出「時間」所扮演的關鍵角色，也是本書的一個靈魂keyword。
- ESBI的深化：寶哥用淺顯易懂的字句及生動的譬喻，讓讀者領會到財商所發揮的重大差異性，並呼應「觀念改變、錢財出現」及「方向不對、努力白費」的不變真理。

- 揭竿「立志做大事」的前瞻觀念，可謂迷霧導航、晴空萬丈的財商指北針；又以「賺大錢很容易、賺小錢很困難」的反比說法，點出賺取主動收入的困境及水流式被動收入的活現金流情境，很貼切及有效的觸及每位在成功路上汲汲不懈，卻到處碰壁眾多讀者的心坎深處。
- 4321的務實建議：讓還在摸索成功之道、尚未建立FQ的芸芸眾生，找到盤點人生現況、沐浴更衣進入寶哥的「寶之林」的起手式，務實而有用。
- 十大故事皆精采、啟發正確觀念擺：組織行銷的最高境界，就是觀念故事意、深刻又牢記，娓娓點出財商的建立痕跡，讓讀者輕鬆進入財商學府殿堂。
- 「你賺到的錢不是全部屬於你的」，一語點出財富的真正價值，及盛德信環球王文龍創辦人的中心思想：過上有品質的人生、幫助更多的人，才能以信以德豐盛你的人生；真正的成功是幫助更多的人獲得更好的人生。

2、坐而言，不如起而行的財商挖寶行SOP

- 身心靈的滿足，須從要做的、能做的到想做的接續完成，每一位組織成員，都需要有重視現實、圓滿夢想及突破限制的正確導航地圖。
- 跳離舒適圈的約拿情節，必須從正視、接受、改變，緩慢而堅定地邁出舒適圈，任何一個有價值的成功地圖，都會布滿改變習慣的不適感，21次的改變習慣、從不習慣、不舒服到習以為常、不做很難過，是成功者諄諄之勸，卻也是登上成功列車必備的車票。

- 用加、減、乘、除法，及記帳省小錢，到投資賺大錢的施行順序，提供了具體可行的方法，可以即刻搭上財富列車。
- 透徹了解有錢人的思維模組，擺脫沒錢人的思想框架，「祕密」、「有錢人和你想的不一樣」等書的風行，揭密了財商的關鍵角色。
- 價值的投資，而非價格的攀比：熟悉七大投資策略，傾力建構自己的價值，在ESBI個個象限，都必須讓自己物超所值。
- All money back me home的奧妙：活法所言「心不想、事不成」的真諦，必須將心所想的具體化、細節化及彩色化，自然能夠YMCA（Your Money Come Again），如魚得水、心想事成囉！

3、順應科技潮流的財商潮流

從B2B2C、F2B2C、S2B2C到S2C2C的通路轉型；從小眾化（Segmentation）、加值化（Value Added）到個需化（Personalization）的加值化，組織行銷概念風行，科技的進步、後疫情行銷的催化，必會對通路產業掀起巨大的潮浪，21天財商一書可為重要的引擎核心。

整本書可以是財富工具書，也可以是人生方向指南，關於倍增或複利魅力的強調，更是從事直銷事業的核心要義；直銷，這個本世紀最有生命力的通路創新，如能以五心（同理心、承諾心、貴人心、共好心及慈善心）為主軸，秉持其無風險的原創精神，落實財商的觀念建立，勢必能登頂「尊榮與自在」的樂活天堂！

我個人透過二次寫序，從文中可以深深體會出寶哥具備直銷成功人的四大特質（夢想、勇氣、熱情、努力），他也非常重視觀念的建立與傳承，成功者往往透過專業、細節及熱情的執行SOP來邁向高峰；財商觀念的提出，可以讓組織成員，更能知其所以然，在追求財富的道路上，必須有正確的認知，預知風險的防範力，方能走得正且走的遠；個人在組織行銷領域涉略超過二十年，看到不少人應錯誤認知，導致誤入歧途，甚而在貪念的誘惑下，身敗名裂，更有人從受害者直接轉換成加害者角色，完全漠視直銷原創精神的共榮本質，實在令人心痛。這正是缺乏對組織行銷的完整認知，及不具財商FQ的遺憾！

透過21天財商的洗禮，了解到財富地圖的板塊建立，做大事的財商真諦、擁有身心靈的財富自由以發揮財富的價值、及發揮組織行銷倍增學的複利效應，從有感的故事中體會到「寶之林」的豐富，才不會有入「寶」山而空手回的遺憾！

恭喜閱讀本書的讀者，得到搭上財富列車的黃金車票，正所謂財商打底觀念通、倍增加持收入豐！

陳譽錚

中華民國多層次傳銷商業同業公會祕書長

推薦序十一

聞「汛」而來，緊抓契機，航向財富「藍」海

因劉正大哥的介紹，有幸認識王寬老師（寶哥），對於七年多來，一路在創業路上跌跌撞撞、探索前行的我，肩負著公司的轉型發展、跟隨我的團隊領袖、相信我的忠誠消費者，以及這些被稱為小白、寶媽背後的家庭，蔡池始終勤勤懇懇、戰戰兢兢，期能以規範經營，認真打拼，為行業建立典範，為國家、民族付出一份心力，從青澀的「地鐵膏藥姐」，到今天藍汛公司稍具規模與知名度，社會上好評多於負評，把中國傳統走江湖、賣膏藥，參酌中、西醫理論，聘請海內外專家學者、一流科研機構，與時俱進，給了「膏藥」科學的規範，新時代的運用，也配合國家大健康國策與新中醫論述，徹底顛覆破舊迷思，為許多人的疼痛、預防保健找到了新時代的解方。

從藍汛的發展，對比寶哥的新著「21天學會財商」，我發現原來成功跟財富，居然是有模板可參考，有藍圖可索驥，有典範可學習，如同巴菲特所說：「沒有窮口袋，只有窮腦袋」，我自己從一股衝勁幹起，以初生之犢不畏虎之態，僥倖乘著國家經濟崛起之勢，跟著許多相信我的夥伴，一起日以繼夜、焚膏繼晷，不分晝夜的奔赴在往成功的路上，回頭想起，不禁為自己的僥倖捏一把冷汗，也為自己慶幸、感謝有國家社會人民的支持與協助，但是，如果時間倒流，我會以學會財商做藍圖，事先訂好目標、願景、方略加上計畫行動，讓自己少走點彎路，讓更多跟隨我的人能夠更成功。

寶哥書中「十個用生命為代價換來的財富故事啟示」，每次讀到，總讓我心中漣漪不止，共鳴不停，這裡面有許多也曾經是我經歷過或發生過的體驗跟感受。「價值才是決定價格的關鍵」，更是直接講到我心坎裡，這麼多年來，受盡各種人情冷暖、冷嘲熱諷，能夠關關難過關關過的關鍵，正是我始終堅持「價值」必須大於「價格」，經過時間的淬煉，終於找到了一群抱持著同樣價值觀的消費者與創業夥伴。讀完本書，現在我正帶著我的公司員工、創業夥伴，一起做「致富的第一堂練習」，我相信有了本書的指引，我們大家都能「航向未來財富的新航道」。

蔡池

藍汛創辦人

自序

「賺大錢很容易，賺小錢很困難。」

這是我曾經當場聽到一個身價超過百億企業家在公眾演說時說的話，當時徹底把我搞暈了，因為我覺得賺小錢比較容易，賺大錢非常困難。儘管當時我沒有辦法理解這句話的意思，但是我把它記了下來，經過了十幾年的時間，忽然在有一天我明白了這個企業家說這句話的意思。

美國人對於財富有一個非常經典的說法，全世界的錢都在美國人的口袋，全美國人的錢都在猶太人的口袋。這讓我想起了有一個人叫阿曼德・哈默（Armand Hammer）說的話，他說：「《聖經》讓每一個人服從上帝的安排，但《塔木德》讓「財富」服從了我們的選擇。」

從塔木德這本書裡面，對比東方跟西方的差異，我們發現猶太人從小教育他們的小孩子正確的財富觀，而我們東方人卻很少從家庭或學校學到關於正確的財富知識及觀念。對此，我很認真的思考了從小到大學習的過程、課程及內容，我發現我們在學校學到了知識，可是老師好像沒有教我們怎麼賺錢的方法跟技巧，可能對我們東方人來說，特別是中國人，會讀書就代表會賺錢，但是，事實上會讀書的人並不一定等於會賺錢的人。

衡量一個人有沒有智慧我們用的是IQ（Intelligence Quotient），也就是我們熟知的智商；衡量一個人對自己情緒的掌控能力我們用的是EQ，也就是情商（Emotional Intelligence Quotient），很多人聽過IQ、也聽過EQ，但是很少人知道什麼是FQ（Financial Intelligence Quotient），FQ就是財商，一種評估一個人具不具備正確的財富觀念跟知識，以及理財的技巧跟方法，用的一種衡量標準。1999年4月，羅伯特・T・清崎和莎倫・L・萊希特兩人合著了《富爸爸，窮爸爸》一書，首次提出了財商概念，一個人認識金錢和駕馭金錢的能力。

從小，因為在貧窮的家庭長大，所以發財致富的夢想一直深植在我的心中，當很多同學在大學將要畢業的那一刻還不確定自己要走的路的時候，我已經很確定我要趕快畢業、趕快賺錢。在我勤勤懇懇、戰戰兢兢、十分努力的投入社會工作了超過十年之後，我忽然發現，我的存摺裡沒有多少錢，感覺仍然一貧如洗，我很想知道問題的原因，可是卻找不到答案，直到我又翻到了那一頁筆記，上面寫著「賺大錢很容易，賺小錢很困難。」為此，我下定決心要找到我始終沒有存到錢、沒有發財的原因。後來，我終於明白了，因為我對財富的理解、以及賺錢的方法，完全用錯方式，也就是我的財商完全不及格。在這樣的前提下，我花了很多時間跟心思，去找尋資料，以及學習成功的人累積財富的方法，並向很多社會先進、曾經帶領我的長官、老師，請益他們如何賺錢，如何建立正確的財商系統，為此，我特別感謝那些對我賜教、對我指導，以及許多無私大愛的作者，將他們的方法，毫無保留的講出來、寫出來。

本書「21天學會財商」的付梓，期待它能像猶太人的「塔木德」一般，對於大家的財商能夠有啟蒙的作用，儘管它沒有辦法像「塔木德」一樣擁有這樣崇高的地位，但對於想成功致富、實現財富自由的人們，絕對可以少走一些彎路。非常可惜，時間無法倒轉，如果在我剛出社會的時候，能夠充分的明白，建立正確的財富觀念以及理財知識，將對於我此生的成就以及財富的累積，帶來無比巨大的影響，或許，我將少走那麼許多的冤枉路，此時，可能也成為富比世榜上有名的億萬富豪，所以，諸君，先別急著賺錢，先把這本書，21天學會財商，好好的看完，再開始實現你的致富計劃吧！

在此，特別感謝為我作序指導的先進前輩、長官老師（排名不分先後）……

以及T&E Global，盛德信環球集團王文龍董事長、林志錫副董事長、趙繼宗副總帶領的小編群Lilian、Celia、Kaya、Ellie、Jennifer……等的協助、編寫與校稿，感謝大家，祝福大家！

第一章

99%的人都欠缺的一塊財富拼圖

經常有很多人問我一個問題，該怎麼樣才能成為有錢人，最好能「快速」的賺到錢，用最短的時間成為有錢人，每當我反問對方，「什麼叫有錢人？」，「要擁有多少錢才叫有錢？」，「為什麼要成為有錢人？」這三個問題時，接下來，經常是一片靜默，然後，幾乎是前篇一律的回答，越多錢越好，想過上舒服快樂的日子……等，類似的答案，針對以上三個問題，你的答案會是什麼呢？

如果你對於累積財富、邁向財富自由也有興趣，想過上更好的生活，那麼你一定要明白什麼才是真正的財富，以及如何獲取財富的方法。所謂真正的財富，分成有形與無形兩種形式，有形的財富，具體的說，就是金錢、資產；無形的財富呢，指的是功德、福報。

在我們的一生中，有很多人只專注在追求有形的財富，亦即金錢以及金錢所能購買的一切，卻鮮少、甚至是不知道要去積累無形的財富，也就是功德與福報，我們這本書，不是在講宗教，因果與輪迴，也不宣導封建與迷信，既然這樣，為什麼還要去談無形的財富，所謂的功德與福報？原因很簡單，在我們積累財富的過程中，有些會立即「變現」，變成可以使用的金錢；而有些，它只是積累，並無法馬上轉化成物質為我們所用，但它卻實實在在地被存儲起來了。單純擁有金錢，並不保證能使人快樂，同時擁有金錢（有形的財富）與富足的心靈（無形的財富），才能使人感覺到快樂與幸福。

馬斯洛的需求理論（如圖一）告訴我們，人們有五種需求需要被滿足，分別是第一階的生存需求、第二階的安全需求、第三階社會需求（愛與歸屬感）、第四階尊重以及第五階的自我實現，對應到生命的三大追求（如圖二），分別是一、二階對應「身」，追求金錢的富足；三、四階對應「心」，追求快樂的感覺；第五階對應「靈」，追求自在的幸福，而這三大追求的實現，需要有人生的三大覺醒（如圖三）做為前提，想要有金錢的富足，必須通過無貧覺醒；想要有快樂的感覺，必須通過無病覺醒；想要有自在的幸福，必須有無我的覺醒。

需求對應追求

自我實現需求
尊重需求
社會需求
安全需求
生理需求

靈
心
身

人生的三大覺醒

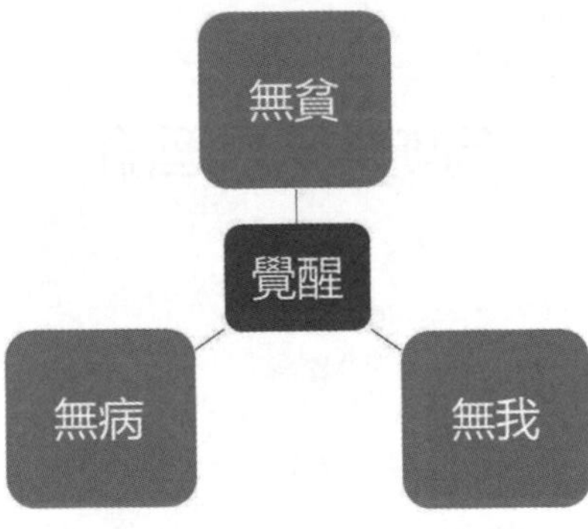

以上的三大追求及三大覺醒，是99%的人都欠缺的一塊財富拼圖，因為大部分人的財富拼圖都只有一塊，就是「錢」，如果人生窮到只剩錢，這樣的人生應是可悲及被扭曲的，我們的富足人生，應該是「身」、「心」、「靈」都富有的狀態，在打通你的財富任督二脈之前，希望我們能有共同的理解與認知。

回到一開始的三個問題：

一、什麼叫有錢人？

二、要擁有多少錢才叫有錢？

三、為什麼要成為有錢人？

我們現在一一來做解答，問題一跟問題二，其實是同一件事，一般人的答案可能是有一仟萬、五仟萬、一個億、十個億……等，用數字來決定一個人是不是有錢人，我的觀點是：

有錢人=被動收入>固定支出

被動收入相對於主動收入，主動收入是工資、勞力或必須靠自己去經營才能獲得的收入，有做有錢，沒做沒錢；被動收入則是即便你沒有做什麼，仍能源源不絕產生新的收入的一種型態，如房租、版稅、股利、資本利得、組織獎金等。如果你能擁有被動收入，且當被動收入大於你每個月甚至每年的固定支出，那麼，在這種情況下，你就是有錢人，也定將成為有錢人。所以，想成為有錢人，一定要找到一個當你在睡覺的時候還能賺錢的方法，這個賺錢方法被戲稱為「睡後收入」，也叫做被動收入、渠道收入。

問題三、為什麼要成為有錢人？

有句話叫錢不是萬能，但沒錢萬萬不能，如果想讓自己及家人過上有品質、有尊嚴、好一點的日子，那麼，在這個市儈的世界上，你就必須有錢。我個人以為，除了上面的理由之外，當你成為有錢人，你可以將手心反轉向下，去幫助、去帶領那些需要的人，也邁向富足的道路，如馬斯洛需求理論所說的，生命的最高需求是「自我實現」，而通過「財富的自由」，是相對比較容易達到自我實現的渠道，因為，我們可以將大部分掙扎求生的時間釋放出來，去追求更有意義及價值的人生，雖然沒錢也可以「實現自我」，但現實卻是夢想再美好，也頂不住餓了三天的肚子，只有極少數的人能像顏回一樣，「一簞食、一瓢飲，在陋巷，人不堪其憂，回也不改其樂。」

那麼接下來的問題是，該怎麼樣才能有錢？我想大家都知道猶太人是世界公認最會經商的民族，同時也是世界上富翁、富豪最多的民族。猶太人在美國占全國人口的3%，可是美國的富豪有25%是猶太人，那麼猶太人為什麼會有錢呢？因為猶太人他們對於所謂的財富財商教育是從小開始的，五歲讀聖經、十歲讀密西拿、十五歲要讀塔木德，猶太人對於財商的教育深入人心從小開始培養，而我們東方人對於財商，大家幾乎都是一無所知的，所以我希望從接下來的章節當中，告訴大家正確的理財觀，教導大家如何有正確的財富的經營概念。

殘害人們的東西有三樣：煩惱、爭吵、空錢包，其中「空錢包」害人最甚。——《塔木德》

在猶太人的致富祕笈塔木德這本書裡面，曾經說過這樣的一句話叫，殘害人們的東西有三樣，第一樣叫做煩惱，第二樣叫做爭吵，第三樣就是空錢包，其中空錢包害人最甚。就是口袋沒錢是害人最甚的一種東西，本書的目的，就是讓大家可以擺脫這三樣東西，讓我們從此沒有煩惱沒有爭吵，然後把錢包填滿。

邁向財富自由三大建議：
一、現金為王
二、睡後收入
三、學習財商

第一個建議叫做現金為王，手上要留越多的現金越好，等待合適的投資標的及時機；第二個創造屬於自己的睡後收入，被動收入或者管道收入，第三個我們一起來學習財商。

為什麼要學習財商呢？

第一，你是不是感覺你非常的忙碌？在忙碌的過程當中，你有沒有發現你越忙越窮？

第二，有沒有感覺到自己的口袋老是沒錢，口袋總是空空？

第三，面對未來找不到賺錢的方向跟方法？

第四，你不知道如何配置自己的資產跟找到合適自己的投資理財管道？

如果這些問題也是你的問題，閱讀本書，將能為你找到答案，將缺漏的拼圖拼上。

第二章 關於錢的真相

我想，提到錢，大家就會張大眼睛非常的有興趣。因為這世界上，畢竟，說起來幾乎個個都愛錢。那錢到底是什麼東西？它是從何而來的？我們如何去正確的去看待金錢？然後從金錢背後的真相，調整自己的心態以及對待金錢的態度，找到正確的賺錢的方法，以及用錢的方式，這是本章節的主題。

錢到底是怎麼來的呢？大家可能會覺得不明究理，錢當然是國家印的，這個問題很奇怪，對吧？我們真正要問的問題是，在遠古時代，到底是什麼樣的情形，才產生「錢」這樣的東西呢？

話說好久好久以前，據說是十幾萬年前，沒有人有辦法正確的去考究，當人類開始從樹上下來，慢慢的從猴子變成人類的時候，有人狩獵，也有一些人開始耕作，還有些人從事畜牧，在物質豐盛後，人類文明開始漸漸的發展。在早期的時候，打獵的有多餘的獵物，可是他卻沒有米飯可以吃；有人種稻米，可是他卻沒有肉可以吃；那麼大家就開始用「以物易物」的方式，交換各自的東西。

在交換的過程當中，出現了一個問題；到底我的東西，跟你的東西，要怎麼樣去做所謂的等價交換？在當時是沒有這樣的概念，也沒有什麼度量衡、秤、貨幣……，沒有這些東西，所以能夠換到什麼東西，完全取決於雙方大家各自的商量。比如說，我們家的一隻雞，換你們家的一袋米。這個過程當中，陸陸續續的就出現了一些糾紛，或者有一些無法去衡量、如何去交換，彼此的東西可以換多少的問題就產生了。所以慢慢的、慢慢的就形成了一個簡單的價值定義，這個價值的定義呢，舉例來說，一頭牛，可以換兩把斧子，但是可能一批羊也可以換兩把斧子，到底大家該如何去定義彼此交換的東西的價值呢？隨著時間的演進，形成了一種叫做社會集體的共識。一批羊可能就是值兩把斧子，一頭牛可以換20石的糧食……等等。當大家有集體的共識出現的時候，那麼，價值就跟價格，也就是交換的東西可以匹配了。也就在這個時候出現了交換東西的替代物，能被做為替代物的，就是珍貴的礦物或者是貝殼。

接著，伴隨着人類文明的持續發展，政權出現了，貝殼、鐵、銀、黃金或其他稀有礦物，被當作交換東西的媒介，也有些被鑄成錢幣，然後紙鈔也出現了，回溯金錢產生的源頭，是一開始以物易物的不方便，需要透過一個有價值的東西，去換取別人的東西，到如今，大家已經習慣用金錢來做交易。在這樣的概念下，到底金錢換走了我們什麼東西呢？如果你是上班族的話，老闆就是用金錢來換取你到公司工作；再假設你是藍領工人，老闆也是用金錢來買你的時間，時間到你就必須去上班，到工廠去工作，不管你是鎖螺絲也好，掃地、洗廁所，反正老闆就是花錢買你的時間、買你的勞力，那你就必須付出你的時間跟勞力作為代價，通過這種形式跟老闆交換金錢。

所以這個社會上有些人是屬於有錢人，有些人是沒有錢的人。到底怎麼樣才可以成為有錢人呢？其實它的道理很簡單，就是想辦法創造更多的價值，來獲取更高的價格。再講一遍，就是你要想辦法創造更多的價值，來獲取更高的價格。什麼意思呢？假設你今天是個上班族，你是藍領，你領薪水的那一個小時，可能是50元，透過你的努力，透過你的專門技能的提升，想辦法讓老闆把你的時薪加到60元。這增加出來的，就是你所創造出來的價值。當你多創造價值，人們就願意用更高的價格，來購買你所擁有的東西。講到這邊，我們開始明白一件事情：我們今天去工作、去上班，為什麼老闆願意付我們薪水呢？其實很簡單，因為我們有價值，可以被利用，所以他用價格、金錢來購買我們所存在的價值。老闆不是傻子啊，這天底下最精明的就是老闆，如果你今天不存在任何的價值，任何的老闆都不會願意花一毛錢來僱用你，來購買你的服務或時間的。

所以有些人很好奇，到底金錢存在什麼樣的魅力？可以讓我們一般人甘願每天早起去公司上班，每天把我們最珍貴的時間花在公司、花在工廠、花在我們上班的職場、花在我們的辦公室。到底金錢具備什麼樣的魅力，讓每一個人都願意為它付出跟犧牲呢？有一個科學家就做了一個實驗，1953年的一個心理學家叫斯瓦布，他要求人們盡可能的長時間掛在一根單槓上面。每一個人平均能掛在單槓上45秒；如果通過催眠暗示，可以增加到75秒；更神奇的是，當他說：「如果你可以掛得更久，我給你五塊錢。」結果，平均可以掛到110秒。

通過施瓦布的實驗，我們發現，金錢確實存在一個神奇的力量，它可以激發人類的潛能。人類在沒有金錢前提之下的表現，以這個實驗來說，最多可以撐75秒；加上金錢的激勵之後，可以變成110秒，也就是可以激發出2.5倍的潛能。所以，我們發現，金錢對人類確實存在所謂的激勵作用。同時還有一個有趣的現象，就是人們對於金錢存在的一種叫做「金錢的知覺」。在1947年的時候，布魯納和古德曼這兩位學者所做的心理研究，他們讓小孩子畫硬幣，結果發現，窮人家的小孩畫出來的硬幣，比富人家的小孩還要更大。也就是說，在我們每一個人的生長的過程當中，其實金錢對我們起到了各種各樣的暗示，或明示的作用。這些作用不知不覺的烙印在我們的心中，成為我們的潛意識、成為我們的導航地圖，也就造就了每一個人不同的金錢價值觀。所以、我們經常聽到的三觀，其中有一個叫價值觀。到底每個人的價值觀是怎麼被塑造？其中有一個很大的原因，來自於人們的意識被金錢所影響，金錢為什麼會影響你呢？因為你所處的環境，你的父母，你的家人，你周遭的朋友對金錢的看法跟態度，以及他們賺錢的方式，花錢的方法，都會造就、影響以及改變今天的你。

所以有很多朋友來問我，我真的想要賺很多很多的錢，可是為什麼我總是賺不到錢？如果你也有這樣的疑問，今天我就可以向你解答，如果你的目標是瞄準很多很多的錢，就是你想賺很多很多的錢，發大財，通常呢，這種情形你是賺不到錢的。為什麼？因為你對金錢的認知是偏差的。也就是你不了解金錢的真相，金錢背後的真相是，金錢是用來交換東西的。金錢做為一個交易的標的，它是通過價值的判定來購買我們所擁有的東西，通過金錢來做為一個價格的標準。

到了今天，到底金錢可以購買到什麼東西呢？當然這些東西五花八門，琳琅滿目。我們做一個比較大的分類，基本上，金錢買到的只有三種東西：第一種東西叫做「身體的維持」，第二種叫做「感官的刺激」，第三種是「存在感」。什麼意思呢？今天我們花錢去買米，我們去餐廳吃飯。我們吃一個幾十塊錢的便當，就叫身體的維持，那麼很多人呢，就需要吃飯；很多人呢，需要穿衣服；所以這是第一個部分。金錢可以帶給我們身體的維持，也就是生命維持的基本生活需求。

第二個呢，叫做「感官的刺激」。我們願意花錢去買更多讓我們感覺到快樂、幸福、高興的事情，這叫感官的刺激。簡單的來說，也就是「眼耳鼻舌身意，色聲香味觸法」。舉例：我們吃飯，只要吃五塊錢的飯就能夠吃飽，可是我們今天想要吃好一點，一定要去吃火鍋。火鍋可能一個人吃下來要200塊錢，那麼我們所追求的，叫做感官的刺激。因為在吃火鍋的過程中，你感覺特別的開心，特別的舒服，特別的好吃，種種原因，甚至特別的幸福，所以你願意多花錢去買更多的刺激。

金錢可以購買的最後一種終極的東西，叫做「存在感」。什麼叫存在感呢，舉例：我們都是從大學畢業，畢業之後投入職場開始工作，工作了三年、五年之後，同學買了房子，我們沒有買房子就覺得很丟臉，所以不管怎麼樣都要買一間房子。同學買了車子，我們不管怎麼樣，沒有車子都覺得很丟臉，就要去買個車子；這是存在感的體現。大家來猜猜看，大部分的人錢都花到哪裡去了呢？經過統計之後，我們發現大部分的人99%的金錢，都花在了追求感官的刺激以及刷存在感。

談到這裡，我們開始反思幾個議題。第一個，金錢到底它的真相是什麼？它作為一個交易的標的，它購買了我們的時間，購買我們的技能，購買我們的服務，購買了我們的青春。第二個我們要反思的事情，是我們付出的這些代價，然後呢，換到了什麼？換到了更多的感官刺激以及存在感。所以各位明白我的意思嗎？也就是說，你一邊在努力的工作，可是你另外一邊，卻去消費那一些感覺，感覺對於身體、生存及讓生命活下去，是不需要、可有可無的東西。就算我們不看電影，我們也不會死掉，按照這樣的概念，我們不吃火鍋也不會有事，對吧？

「迷亂、辛苦、病重、羞恥、憂慮、恐懼」

在古代，有一個很聰明的人，叫做莊子，一個偉大的哲學家，他發現金錢的真相是什麼呢？金錢的真相，會帶來人們的迷亂、辛苦、病重、羞恥、憂慮以及恐懼的六大危害。他把這些東西寫在他的書裡，《逍遙遊》盜跖篇裡面特別提到，知和曰：「平為福，有餘為害者，物莫不然，而財其甚者也。」今天的有錢人，有鐘鼓管樂之聲，吃的是山珍海味。可是當你有了這些富貴之後，結果產生的是什麼？是迷亂、辛苦、病重、羞恥、憂慮以及恐懼。

我小時候，家裡非常的貧窮，經常是三餐不濟，有一餐、沒一餐的。上學都沒有學費，衣服是哥哥姐姐穿剩下來的；鞋子特別大，都是撿人家剩下的，有破洞捨不得丟，縫縫補補又是一年。在這個過程當中呢，我發現一件事情，我特別羨慕那些有錢的同學，我看到他們穿的衣服體體面面，穿的鞋子漂漂亮亮，經常有新的衣服、新的鞋子可以穿，我就很羨慕他們。我有一種錯覺，我覺得他們很幸福。那麼事實上呢，有錢的人是不是真的可以感覺到很幸福呢？答案是錯的，答案是否定的。因為科學家後來做了一個研究，發現其實有錢，並不會讓你感覺更幸福。

根據統計，美國人從1957年到2005年，年均收入從9000美元增加到2.8萬美元，收入增加了非常多，增加了三、四倍左右。這些賺錢的美國人會不會覺得自己比較幸福呢？其實沒有，因為當學者去研究的時候發現，始終感覺幸福的比例，大概只有38%左右。美國伊利諾大學的心理學家艾德迪，他去訪談400名美國最有錢的富翁；訪談之後發現，其實這些有錢人他們的幸福感也沒有特別的強烈。所以我們發現一件事情，有錢沒錢，跟幸福感是沒有關係的。

我們這一輩子，有很多人在盲目地追求金錢，想要賺大錢，想要致富，想要買豪宅，開名車，想要有花不完的錢，享受不完的聲色犬馬縱欲，但是這些東西都不會讓你感覺更快樂、更幸福；而相反的，當你在追求這些東西的過程當中，你要付出更高昂的代價。古代有一個人叫做隨侯，他用很珍貴的珠寶去射麻雀，就算他射到了麻雀，可是這麻雀根本不值啊。

所以我們要開始反思一件事情，有關於我們自己對於金錢的觀念的理解。我為什麼要提這件事情呢？因為過去我曾經迷失自己，只一味的在追求金錢，在40歲之前，我願意犧牲任何的東西去換取金錢，包括我的健康，包括我的青春，包括我的時間，包括我與家人相處跟家人的關係，還有幸福，我都願意犧牲掉，可是我發現我是錯的，當我有錢的時候，我想把這些東西再買回來，但是它們再也回不來了。我們再舉一個例子，你就會明白我所說的事情：如果有一天醫生告訴你，你只有一天可以活，那麼接下來你想用錢來做什麼呢？當然，你可能會想，我用錢來續命吧。醫生，你趕快救我，我有的是錢，你趕快用全世界最好的醫療方法，最先進的醫療器材，你只要能夠把我救活，我願意把錢都給你，我有大把大把的錢，我有100萬，我有200萬，我有500萬，我有一仟萬，甚至我願意付你一億，只要你能讓我活下去。我們付出慘痛的代價去交換金錢，不知不覺中，我們犧牲了自己的身體、犧牲了自己的健康、犧牲了我們的時間、犧牲了我們跟家人在一起的陪伴，以及本該屬於我們的快樂與幸福的感覺，而最後我們又花錢去把這些感覺買回來，各位不覺得特別諷刺嗎？

「應該立志做大事，不是立志賺大錢。」

因此，我們該如何正確的面對金錢呢？我想告訴各位的是，今天你如果想要成為有錢人，過上幸福快樂的日子，你所要做的事情是立志做大事，而不是立志賺大錢。我不知道各位能不能聽出來這其中的分別。

大家幾乎都認識阿里巴巴的馬雲，馬老闆，他說的很經典的一段話，他說他從創業開始，沒有一個月拿過工資，從來沒有碰過錢，他對錢沒有興趣。各位，你們有沒有發現很諷刺，他對錢完全沒有興趣，他沒有碰過錢，而他卻是全中國賺最多錢的人當中的一個。我們花了這麼大的心思，努力汲汲營營的、計計較較的、分分秒秒的想要賺很多很多的錢，結果我們什麼錢都沒有賺到，反而錢都被他賺走了。被一個對錢沒有興趣的人把我們的錢全賺走了，到底這是什麼原因？我們共同來思考一下，過去到現在，如果你很想賺大錢、發大財，而你到現在仍然沒有賺到錢，仍然沒有發到財，那麼請你一定要想想，這個過程當中，是不是你的方法跟做法有問題。所以，我們「應該立志做大事，不是立志賺大錢。」如果你想要賺錢，你要瞄準的不是錢，而是尋找把這個事情做好的方法，好好地立志做一件事，而且專注的把這件事做好，不要去管錢，當你把事情做好、做對之後，錢自然而然的就會來了。可是當你瞄準的是金錢，你的態度會扭曲，舉例，如果我們去一家公司上班，老闆只願意付我們3萬元的薪水，錢這麼少，我們就會開始對金錢產生意識上的知覺，扭曲我們在這個工作上的感覺及作為，你給我多少錢，我就幹多少事，你有沒有這樣的現象呢？相反的，今天老闆還是給你3萬元的工資，可是你不要去管，很認真的把老闆交代的每一件事情都做好，而且非常有效率，非常完美；做好之後你又去找老闆，要更多的任務，要更多的事情做，最後老闆對你刮目相看，他發現原來你不只值3萬元，你可能值5萬元，甚至值10萬元，他會給你加薪，他會給你升官，他會把你擺到你需要被擺到的位置。所以有很多的朋友問我，為什麼賺不到錢，其實我發現更多的原因並不是在能力，而是在於對於金錢的態度，因為你的態度影響到了你的行為。

有很多人看到老闆都避之唯恐不及，怕老闆丟很多工作出來，也有很多無良的老闆，不停的壓榨員工，你不去找他還好，一旦你去找他，他覺得你閒閒沒事幹，再丟一堆東西給你做，一樣在公司上班，自己做得要死要活，結果別人在翹著二郎腿聊天，在網絡上看圖片IG、臉書、看影片追劇，輕輕鬆鬆打混摸魚，有沒有這種現象呢？說實話，確實可能有這種現象；但是我要跟各位再說一件事，我們應該要調整心態，我們做這些事情不是為別人而做的，是為自己而做的，所以不用老闆來要求我們，我們自己要求自己，我們自己對自己負責。以前我曾經自己開過公司，公司一開始的時候做的非常的不錯，營收都有上千萬，可是我有一個錯誤的心態，什麼樣錯誤的心態呢？因為過去我做過外商公司的高階經理，很多時候都在裡面混日子，不用花費很大的力氣，就可以賺到很多錢、或者獎金、或者報酬。當自己做老闆之後，我也用那種態度在混日子，大家可想而知，我是公司的老闆，我是公司的老總，我每天都在混，我下面的員工是什麼狀態呢？

那一段時間，我每天都是睡到自然醒，有時候感覺不想去上班，就不去公司。去公司可能都是中午12點，在公司吃個午餐，進去晃兩圈，兩三點就出來。要不，待在公司我就看視頻、上網、看小說，我就做這個做那個，打遊戲打發時間。我是公司的老闆，我都在混。各位可想而知，最後這間公司的結局如何呢？當然是以倒閉收場，最後自作自受的是誰？是我自己。我期望用我失敗的經驗來跟各位提醒，希望你們不要走錯路，不要走彎路，今天所有的事情都是對自己負責的，如果你想成為有錢人，成為成功的人、比別人更好；你要更努力，不要管別人怎麼看。

我們再講一個人的故事，這個人，他叫查克菲尼。1931年他出生在美國的新澤西州，當時剛好處於1929年經濟大蕭條之後的兩三年，所以在美國，經濟非常的不好，他的爸爸在保險公司上班，媽媽是護理師。每天媽媽到醫院值兩班，可是夫妻倆非常的勤奮，孩子才不至於挨餓。媽媽非常的有愛心，他們家隔壁有一個漸凍症的患者，媽媽總是藉口要去上班的途中，順便就把這個鄰居載到醫院去，所以查克菲尼受到媽媽的身教，特別的善良。1948年他高中畢業，提前錄取被派到日本去。

當時，他到日本去當美國大兵，那時候1948年，美國還沒有跟日本開戰，過着天堂般的生活，但是他不吃喝玩樂，他利用空閒的時間來學日語，同時他利用空軍基地的圖書館用功的自學，為上大學做準備。本來家裡面沒有錢給他讀書上大學，可是因為他有軍人的身分，他用了軍人的獎學金。在1952年退伍之後，他進入了美國知名的康奈爾大學。讀完康奈爾大學之後，他不急著找工作，他開始去環遊世界，首站就到了歐洲。到歐洲之後，發現法國的大學是免費的，於是他就繼續學習，在法國修碩士。

當他在法國讀完研究所，順利取得碩士學位之後，他向南走，到了地中海邊，意外地打開了賺錢的大門。他在酒吧喝酒的時候，遇到一個英國人，這個英國人告訴他說，美國派駐在歐洲的第六艦隊有50艘軍艦，艦上的這些官兵都有錢，他們每一個人可以買五瓶免稅的烈酒。在歐洲，一瓶酒只要十塊錢美金，可是同樣的酒在美國，至少要30塊美金。船很多，這個英國人跑不完，所以就邀請了菲尼一起去做這個生意，他們兩個就一起到地中海的美國第六艦隊去兜售這些烈酒。

他的生意越做越大，後來他又遇到一個人叫做羅伯特米勒，同樣也是畢業於美國康奈爾大學。當時他們在巴塞隆納遇到一個香港來的神父，都把手錶、香水、相機藏在聖袍下面，從法國走私到西班牙販賣。神父為什麼做這個事情呢？因為神父通過販賣走私賺的錢，都拿去教會給貧窮的人用。神父告訴他們：「你們有機會可以去香港看看，那裡的東西都是免稅的。」於是菲尼跟米勒一拍即合，他們開始做免稅的生意。那當然不止賣烈酒，後來什麼都賣，連煙、連汽車也賣，賣到連艦隊的司令都跟他們買車子。

1960年6月23號，他們沒有忘記當時神父告訴他們的話，他們終於來到香港。在九龍的彌敦道一間旅館的小房間，他們開辦了全球的第一家旅客免稅銷售公司，也就是現在我們熟悉的，在機場、在港口、在海關，在這些地方，特殊的商店叫做免稅店。1962年5月31號，他們把店開到夏威夷的機場，免稅商店的特許權接著一個一個的拿，接著開到了香港的啟德機場。這就是世界免稅店的先例，他們的店叫做D.F.S.，duty free shop，就是所謂的免稅店。

1889年財富雜誌刊登了卡內基的一句話：「利用財富的最佳方式，就是提供有志者向上爬的梯子。」

菲尼的生意越做越大，做到全世界到處都有他的免稅店。他從艦隊賺取了第一桶金之後，在夏威夷，接著在香港，最後開到美國本土，這些免稅店到處開花，賺到了日本的錢，甚至是台灣人，甚至中國人的錢都有，還有全世界各地的人，都來跟他買免稅店商品。為什麼呢，因為一瓶白蘭地在東京要50元美金，可是免稅店只要十元美金；還有打火機、香水、口紅、鋼筆，還有很多很多的精品：衣服、鞋子、帽子、領帶、皮帶等等，越來越多的產品進到了他的免稅店，他的生意非常的成功，賺了非常多的錢。

可是他始終沒有忘記一句話，這句話是1889年，在財富雜誌上面的一篇文章。這篇文章刊登了美國的一個名人，非常成功的企業家叫做卡內基，他說：「利用財富的最佳方式，就是提供有志者向上爬的梯子。」這也是他的信念，也是他對待金錢的態度。所以，他開始賺到錢，成功之後，他開始回饋社會，大筆大筆地把他賺到的錢捐贈出去。而且他跟別人不同的地方是，他捐錢從來都不想讓人家知道錢是他捐的，他要求這些受捐贈的單位，不要把他的名字曝光，不要寫上他的任何的名字。

他捐錢給很多的大學，包括康奈爾大學、愛爾蘭的七所大學，還設立了各式各樣的獎學金，還有哥倫比亞大學。捐錢給這些大學的同時，他唯一的條件就是要求保密，哥倫比亞大學曾經因為他堅持匿名捐錢而不敢收，為什麼呢，因為怕這些錢，來路不明，是黑錢。菲尼的善行一開始並沒有人知道，因為他始終秉持著為善不欲人知的想法。同時他把金錢提供出來，讓更多有才華的人，可以有一個向上爬的階梯，那麼這個事情後來為什麼會讓世界的人發現呢？原來他把他的公司賣給了LVMH集團，這個事情才曝光。

LVMH集團到底是什麼公司呢？沒錯，就是大家知道的，擁有名牌皮包，豪華的奢侈品的公司；包括很多很多，舉例LV、Christian Dior、Givenchy、Céline、Kenzo、LOEWE等等時尚的潮流品牌，女士們的最喜歡包包、服飾等等的名牌奢侈品的時尚集團。當時因為他的D.F.S公司要出售，在這個過程當中，它的財報意外地被法院要求曝光，人們才發現原來他做了這麼多的善事，捐了這麼多的錢。

他不只把他的金錢，捐給了大學，捐給了基金會，捐給各式各樣需要的人；同時當他把公司賣掉之後，他也很大方的拿出了2600萬美金分給他們的員工，每一個員工收到了支票之後都嚇一跳，接下來就是感動的痛哭流淚。所以這個人非常非常的成功，他之所以成功，是因為他專注於做大事，而不是在專注於賺大錢。各位可以看到他賺到錢之後對金錢的態度，他對金錢是絲毫不留戀不戀棧的。所以他說，裹屍布沒有口袋，天堂裡用不到錢。

財富不能改變你，只會揭露你的真面目。所以我們跟各位分享查克菲尼的事情，為什麼講他的故事呢？因為透過查克菲尼我們明白一件事情，當我們立志想要賺大錢，可是我們反而賺不到錢。當馬老板說他對錢沒有感覺，當查克菲尼他對錢沒有眷戀的時候，反而這樣的人卻賺到了錢，到底是什麼原因？老天爺對我們這麼不公平，我們努力的想要賺錢賺不到錢，而這些對錢沒有感覺的人反而賺到錢了，這才是金錢的真相，你應該要理解金錢到底是來做為什麼樣的用途的。我們盲目地追求金錢，付出了慘痛的代價，可是當我們得到的錢又不能把這些付出的代價再贖回來，同時更慘的是，當你付出了慘痛的代價，付出你的健康，付出你最珍貴的時間，跟幸福快樂的時刻的時候。可能你還沒有賺到錢。

你為什麼沒賺到錢？因為你瞄準錢的方式是錯的，你不應該用這種方式去賺錢，你應該立志做大事，立志把一件事情做大，而不是立志賺大錢，再說一遍，你應該立志把事情做好做大。

第三章

有錢人的財富藍圖大揭密

生命的三大追求

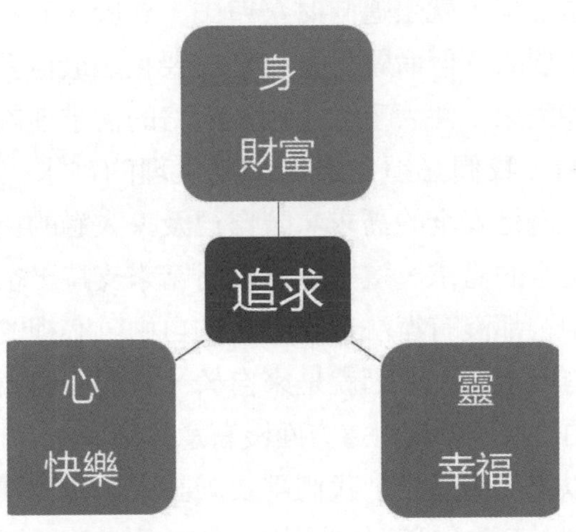

【人生三大追求】

身-財富

心-快樂

靈-幸福

我們人生這一輩子，有三大追求。這三大追求，在身體方面，追求健康及財富，在心理方面，追求快樂，在靈魂，追求最高層次的實現及幸福。把三大追求對應「馬斯洛需求理論」的生命五種需求，第一階的生理需求，以及第二階安全需求，是身體健康與財富工程；第三階愛與歸屬感與第四階尊重，是心理平衡與快樂工程；第五階自我實現，是靈魂的解放與幸福工程。

財富工程，就是邁向財富自由，對於人的一輩子來說，是相當重要的一個命題，是我們首要且是最重要，要去經營的第一件跟第二件大事。通過馬斯洛的需求理論，我們明白一件事情，我們必須先通過滿足生理的需求，才能向上提升，接著滿足安全的需求，讓自己及家人過的更好。生理的需求、安全的需求，這些都需要財富來支持，很多人在這一輩子當中，都沒有辦法走到財富的自由，心裡的狀態可能一直都沒有安全感，原因就是來自於，我們沒有辦法找到實現財富自由的方法，或對這方面沒有意識到。

所以第一個階段，我們需要談談人為什麼要理財，你有沒有在理財？你對理財的認知、理財的方法，還有理財的效益以及結果是如何呢？

人們要理財最重要的原因，就是我們對於未來的不確定性，需要事先未雨綢繆，準備面對風險的承受能力，比如，我們將來可能面臨到在工作上的不順利，經營事業倒閉，或者在婚姻上、在家庭上、在健康上出現的各種警訊、各種挑戰和危機；或者我們要儲備子女的教育基金，要準備我們的養老生活，要孝敬父母，甚至想在這個世界上活得更好。在這種種狀況當中，你都需要一種東西，來支持你實現這些想法或對抗這些風險，這個東西叫做「錢」。

我們這一輩子大概要花多少錢？花多、花少可能因人而異，用平均來說，有大陸的朋友算了一下，人一輩子需要花掉人民幣511萬8千元，接近甚至超過2400萬台幣。這個數字對很多人來說，可能就是天文數字，為什麼呢？因為很多人，即便夫妻一起賺錢，一個月家庭的收入可能也就在十萬元台幣上下，一年賺120萬元，十年才賺1200萬元，2400萬元需要賺20年，夫妻兩人各20年，加起來要40年，人一輩子如果要花這麼多錢，這些錢到底要從哪裡來？光靠薪資，遠遠是不夠的。

現在，大家先統計一下自己手上擁有的資產，我們談的資產，是淨額，就是淨資產。什麼叫淨資產呢？就是把所有的資產扣掉你的負債，得到的數字，叫做資產。比如說，我有一棟房子，但這棟房子每個月要付貸款，這棟房子是1仟萬買的房子，房貸還有700萬，銀行儲蓄有20萬元，名目上的淨資產是1仟萬減掉700萬貸款等於300萬，加上儲蓄20萬，等於320萬；而事實上呢，在房子還沒有賣掉前，應當將有房貸的房子視為負資產，真實的淨資產是負債700萬的銀行貸款，減掉儲蓄20萬元，得到淨資產負680萬元，這才是真相。很多人對淨資產這件事，是完全沒有概念的，所以一個人有沒有錢，不是他有幾棟房子、有多少錢，而是他有多少的淨資產。

如果把你的資產拿出來統計一下，將你的正資產，減掉你的負資產及負債，可能這個結果相當的恐怖，因為你忙了

5年、10年、甚至15年、20年後，所有的資產一統計出來，竟然是負資產，這是什麼概念呢？各位知道，我們有些人特別喜歡買房，買房之後，我們需要繳房貸，一繳要30年的時間；你以為你很有錢，其實你是房奴，到頭來，只有一個空的屋殼。

這個概念告訴我們，如果我們擁有一間價值超過千萬的房子，住起來可能心裡很高興，可是每個月賺的錢都在繳房貸，弄得生活很沒有品質，也有很多人透支信用，用貸款去買汽車、奢侈品，用信用卡去透支明天的金錢跟支出，結果，財務上過得很窘迫，再加上各種投資失敗，陷入了債務循環的黑洞，成了金錢的奴隸。

要擺脫這種困境，學理財是最好的方法，以下幾個原因：

第一個原因就是「你不理財，財不理你」；可能大家都不知道，理財對於我們一輩子的財富積累有多重要。巴菲特在14歲那一年，第一次開始買賣股票，直到他將近90歲的高齡，他投入了30萬美金的本金；透過時間、複利跟倍增，以及他高超的投資技巧，他的30萬獲取了237倍的回報，變成800多億美金的資產，很多的工薪階級，很多的理財素人，甚至很多的小資族一輩子都在追求財富，可是追求財富的方法用錯了，沒有通過理財的方式來積累。

第二個原因，如果我們不小心產生了負債、透支了信用，或者核算資產後發現是負資產，那麼學習理財，才有機會適當的從債務中解脫出來。不管你有錢沒錢，首先你一定不可以讓自己變成窮光蛋，其實窮不可怕，但可怕的那句話就是，窮的人是我。

第三個是分散風險的概念，這也是保險為什麼興起的原因，大家都知道不可以把雞蛋放在同一個籃子。很多的上班族、工薪階級，和很多的老闆，對於未來沒有風險準備的憂患意識。我在這邊要提醒各位，我們都不知道是明天比較早到，還是意外比較早來；所以我們必須儲備一定的能量跟資源與資金，來度過明天的挑戰跟風險。退一萬步講，我們要開始分散各式各樣的風險，以及分散我們的收入來源，去創造多元的收入跟管道利益，這也是一個非常重要的理財概念，大家要去思考，如果你的收入來源很單一，那你可能就很危險了。

第四個，學會運用比原子彈更巨大的力量，20世紀公認最偉大的科學家-愛因斯坦發明的相對論，到現在都還在深遠的影響我們的生活，人家問他：「愛因斯坦先生，請問這世界上有沒有比原子彈更厲害的東西？」愛因斯坦不假思索的說：「就是複利跟倍增。」複利加上時間的倍增效應，是比原子彈還恐怖的東西；所以我們在理財的過程中，一定要抓住這一門訣竅。我認為老天爺是公平的，上帝是公平的，所有人都可以成為有錢人；有錢人之所以成為有錢人，因為他們懂得運用複利跟時間，通過倍增財富讓自己不停的積累。

第五個，掌握成為有錢人的關鍵方法，創造被動收入。有錢人的祕密，就是他們幾乎都擁有一種共同的收入，叫做被動收入，或者渠道收入，或者叫睡後收入。如果你想要讓自己過得更好，你要來學理財；你不想讓自己過得更差，你更要來學理財。很多人對於上課很排斥，對於學習很排斥，什麼東西都可以排斥，但是不要排斥賺錢，特別是可以告訴你，怎麼樣正確累積財富方法的知識、技巧以及課程。

我個人透過很長時間的觀察，發現社會上，中外成功的企業家或人士或有錢人，在財商方面，原則上有四種人，第一種人叫做「不知覺」；第二種叫「不知道」；第三種人叫做「做錯」；第四種人叫做「做對」。做對的人我們就不用說了，他們已經取得了成功的果實。我們來講前面三種人，第一種叫不知覺，什麼叫不知覺？就是沒有意識到必須要理財。不知道你是不是這種人呢？第二種，是不知道；其實已經知道要理財，可是真的不知道怎麼做。不知道你是不是這種人呢？第三種人，叫做做錯；我已經開始理財了，我今天開始做資產配置，可是我一直做錯，你是這種人嗎？

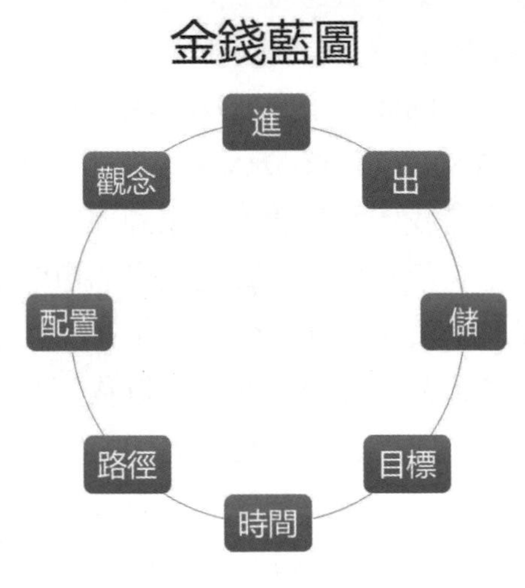

不管你是哪一種人，理財的知識就像一張地圖，或像要蓋房子的藍圖，探險的藏寶圖，此刻，我們把這個圖解密給各位看。這圖當中有八大要素，分別是，進、出、儲、目標、時間、路徑、配置以及觀念。通過這八大要素的組成，我們可以畫出一幅迷人的、美麗的、邁向財富自由的金錢藍圖，可以透過它航向希望的大海。

舉個簡單的例子，現在的導航地圖非常的發達，今天我要開車去一個地方，直接設定好目的地，導航就會一路告訴我，前面左轉，前面上橋，接下來右轉，大轉彎、小轉彎等等，然後一路把我帶到目的地。很多人一輩子對於財富的追求，就像開車子上車，但是車子一發動，不停的開，卻不知道要開往什麼地方，沒有目標、沒有結果；或者有目標，但是開不到想去的目的地。這終極的原因是什麼？是地圖不對、是GPS導航不準確，也是你為什麼賺不到錢的原因，是因為你不懂財富的藍圖、配置跟要素。

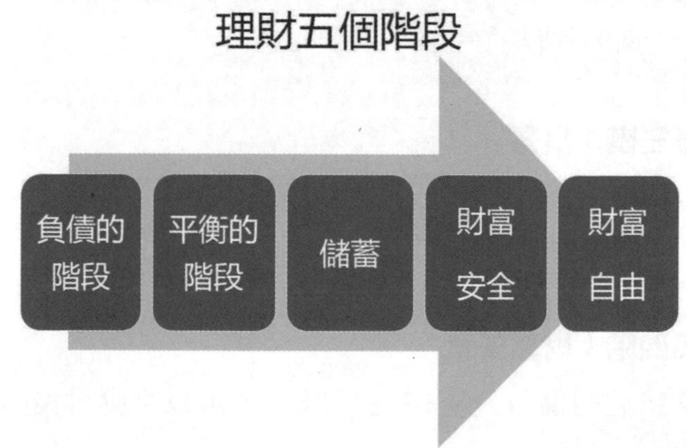

在理財藍圖中有八大要素，其中最重要的前三個要素叫做進、出、儲。什麼叫「進」，就是你的收入，「出」是你的支出，「儲」是你的儲蓄。對應到理財的五個階段，我們要分階段的去達成，而且不停的往上提升。這五個階段呢，分別是在第一個階段叫做「負債的階段」，第二階叫做「平衡的階段」，第三階叫做「儲蓄」，第四階叫「財富安全」，第五階叫做「財富自由」，我們在財富工程中，財富積累終極追求的目標，就是實現財富的自由。

第一階：負債

為什麼會產生負債呢？其實很容易，就是你賺得少，花得多；也就是你的收入比你的支出還要少，長期入不敷出，就會產生負債，這是第一個階段。

第二階：平衡

支出剛好跟收入是一樣的，你花多少賺多少，財務上剛好是在平衡的狀態。

第三階：儲蓄

我們賺的錢，扣掉支出之後還有結餘，這些結餘一直積累，就叫做儲蓄。

第四階：財富安全

當我們的儲蓄大於18個月以上，可以來應付沒有工作時，生活支出跟開銷的時候，我們進入財富安全。

第五階：財富自由

我們開始擁有被動收入，而且所產生的被動收入大於每個月的固定支出。什麼意思呢？我們先來解釋一下，「主動收入」跟「被動收入」；主動收入：我有做有錢，沒做沒錢；被動收入，我沒做照樣有錢。舉例，我有被動收入5萬元，每月固定支出需要2萬元，5萬減掉2萬，節餘3萬，雖然不是很多，但因為主要收入來源是「被動收入」，這時候我就進入了財富自由的階段。其實很多人對於「有錢」沒有概念，什麼叫「有錢」？再講得清楚一點，「有錢」就是當你有一種收入叫被動收入，大於固定支出，你就有錢了。

接下來，我們要講「目標跟觀念」，很多人一輩子沒有設定目標，也沒有理財的觀念，通過本書的介紹，期待大家能夠立刻設下自己的目標，以及調整觀念。哈佛大學曾經做過一個研究，對於他們商學院畢業的學生做調查，發現在一百個學生當中，只有三個人明確的知道自己的目標；經過了20年長期的追蹤，有寫下目標跟具體執行方案的學生，他們的收入超過其他同學一百倍。所以如果你想要成為有錢人，想要比別人更成功，過上更好的日子，從現在開始立刻寫下你的目標，並具備正確的理財觀念。那麼具體目標怎麼制定呢，以下，為各位介紹SMART原則。

我們建立目標的原則，就是所謂的SMART的原則，SMART的原則是什麼呢？就是分別有五個英文單詞，取字首組成起來就是S、M、A、R、T。SMART就是聰明、有智慧的意思。那麼SMART原則是什麼呢？第一個原則，就是要具體，specific。第二個是Measurable，可以被衡量的。第三個是Achievable，可以被達成的。第四個是Relevant或者是Reasonable，合理的、有關聯的，第五個是Time-bound，就是需要在一定的期間內達成。簡單來說，我們設定目標就是按照這五個原則-SMART，來做目標的設定跟執行。

我平常上課的時候，經常問學員，「你想要成為有錢人嗎？」大家都說：「想。」「你想要賺錢嗎？」大家都想。

我接著問：你想要賺多少錢？」大家都說：「越多越好。」你什麼時候想要擁有這些錢？「不知道」，要透過什麼方法賺到？「不知道」，你具備什麼樣的條件和能力？「不知道」，很多人對於目標的設定確實是一片模糊和空白，「SMART原則」，S、M、A、R、T，學起來，未來就不會再是一片空白。

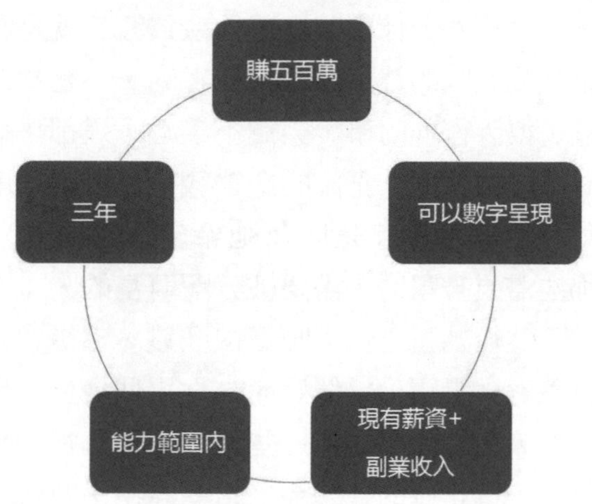

舉個如何建立自我財務目標的例子給各位。第一個很具體；什麼叫很具體呢？也就是我想要賺500萬元，這就很具體。你不能很模糊，「越多越好」，這是不可以的。第二個要可被衡量；比如說我想要賺越多越好，這就不可被衡量。

所有的東西是要可以被衡量的。比如說，我想要在三年的時間當中賺到500萬元，你不能說我想要一輩子賺越多的錢越好，這個就不可被衡量了，所以要具體，要可被衡量。第三呢要可以達成；你不能設一個目標，說想要賺三十億、三佰億、三仟億，以目前來說，你可能做不到對不對？第四個要合理，第五個就要期限。

接下來，我們還要再從財商的藍圖、財富的藍圖再跟各位分享一個重要的原則，這個重要的原則，就是你必須要有一個正確的金錢觀。什麼叫正確的金錢觀？就是我們賺錢，所為何事？我們賺的錢不是拿來揮霍的，不是拿來害人的，或者幹盡了傷天害理的事，笑貧不笑娼，這都是錯的。我們君子愛財，取之有道。正確的金錢觀是什麼呢？就是老天爺為什麼給我們這麼多？是因為祂希望透過我們來幫助及分配，給那些需要被幫助、需要被分配財富的人；而不是我們獨善其身，然後為富不仁；賺了很多錢，然後讓人家指着鼻子罵，指着脊樑骨罵你這個奸商，你這個壞蛋，你這個守財奴。所以老天爺為什麼會把這些錢給我們？很簡單的概念，我們建立了一個正確的金錢觀。這些錢不是為我們所用，我們是為了對社會有更多的貢獻跟付出。所以我必須要有更多的錢，來實現我自己，和家人的夢想與目標；同時我行有餘力，我幫助親人，我幫助朋友，我幫助你我回饋社會，這才是正確的金錢觀。我發現很多人對賺錢的態度非常扭曲，把自己的靈魂拿去跟魔鬼做交換。其實都是為了賺錢而賺錢，但是喪盡天良賺來的錢，這些不義之財是留不住的。所以我們要設立一個正確的金錢觀，我們賺錢取之有道，我賺的錢不是為我所用，而是透過我們來回饋社會、反饋社會。所以這樣的概念當中，就可以得到更多的財富，老天爺會祝福你。

在財富的藏寶圖上面，還有一個最重要的要素，就是在理財的過程當中，通通需要時間的積累，很多人在理財的路上為什麼會失敗？觀念都懂，目標很明確，最後做不了。為什麼做不了？因為沒有耐心、沒有紀律，因為沒有根據時間來推演跟發展。所以很重要的選擇，就是你必須明白一件事，我們理財就像我們種作物一樣，今天播種，灑下種子。你明天就急忙去看它發芽了沒有，再接下來還不到兩天的時間，你就想要收割，那是不可能的事情。你必須要耐心的等待果實發芽，長成果樹，三到五年的時間，我們可以收獲成功的果實。很多人為什麼在理財路上堅持不下去，是因為沒有耐心，他不懂所有的賺錢都需要時間的積累。

第四章

十個用生命為代價換來的財富故事啟示

接下來的這一章，我要跟各位講十個，我親身經歷，深有體會或領悟，關於財商的故事，這些故事中，有的幾乎是用我的生命做對價，才得到的心得或收獲，期待這些故事，對各位也能有所幫助跟啟發。

故事一：「50萬的一台車」

在我大學畢業之後，工作幾年，存了50萬去買了一台車，同時我的同學也有50萬，但是他去買了一間房；再過五年的時間，他的房子增值五倍，我的車子一毛不值。透過這個故事，我想告訴各位，你為什麼存不到錢，那是因為你的選擇錯誤，如果你現在一直沒有錢、存不到錢，甚至是負債的階段，「50萬的一台車」，能打開你的腦洞。

故事二：「月光族的慶典」

什麼是月光族呢？就是當我們每一個月還沒有領到工資，沒有獲得收入，沒有領到獎金，沒有賺到營業利益的時候，錢其實已經花光了，這樣的人，這樣的族群，就叫月光族。到底是什麼原因，造就了你成為月光族？如果你想改變這種沒有錢的狀態，那麼你應該來學習訂定自己的財務目標，在「月光族的慶典」中，有詳細的說明。

故事三：「盲人射飛刀」

在我們都看過馬戲團的表演當中，有一個節目就是射飛刀，首先呢，飛刀手明眼射飛刀，接下來他把眼睛蒙上開始射飛刀，各位可以想象，這些畫面是不是很恐怖？如果是一個盲人來射飛刀呢，那確實是更恐怖，「盲人射飛刀」，叫做目標不明確，很多人在理財的過程當中，都在做一件事情，叫做盲人射飛刀，通過故事，我們要跟大家講四個錢袋子，跟你該怎麼去擁有？讓自己的錢可以好好的待在它該待的地方。

故事四：「師兄的私房錢」

我有一個師兄，他是懼內妻管嚴，他非常怕老婆，所以他每個月賺的錢都上繳給他的老婆，但是我這師兄很神奇，每次我跟他在一起，他口袋一摸都是一大把錢，後來我才了解到，這個師兄很會藏私房錢，生財有道，我們一起來研究，怎麼樣讓別人為你賺錢，讓你生財有道的方法。

故事五：「被改變過的命運」

我們中國人很安於樂天知命，我也是這樣的人，從小到大，我最喜歡做的事情就是求神問卜，到處算命，問完的結果，幾乎大同小異，都是告訴我，我這一輩子有財無庫，會賺錢，但是存不了，恐怖的事情是，我居然相信了，後來發現這個事情是騙人的，因為命運可以被改變，從那之後我不但很會賺錢，而且我賺的錢都存下來了，我既有財又有庫。

故事六：「陽光下的自在」

這個緣起，是我被一個朋友邀請到他們老家去玩，一開始，我們不知道這個朋友家裡這麼有錢，去到他的老家，發現他的家是大土豪，他們家族擁有一整個島，上了島之後，我才發現原來我這個朋友之所以這麼有錢，除了他有一套理財的方法之外，同時他交往的朋友，就是我們所謂的圈圈，都是一些成功又有錢的人，我們要賺錢，要混對圈子，要找準錢脈。

故事七：「升等的頭等艙」

我們都聽過一句話叫做：「貧窮限制了想像，現實抑制了渴望。」很多人之所以甘於平凡（平凡就是貧乏），就是沒有見識到、生活到真正的好日子，如果你在偶然的機會當中，跟着有錢人過上了有錢人過的日子，你會明白天堂跟地獄也就一念之間，從那當下會有一種感覺，有錢真好。

故事八：「忽然發現的存摺」

這是一個用故事來告訴各位，如何運用四則運算，「加、減、乘、除」，讓我們的財富滾出更多的財富的方法。

故事九：「賺錢很容易」

這是一個徹底顛覆你的三觀的故事，就像我在十幾年前，被一個百億的富豪告訴我的那一句話所敲醒的一樣，他告訴我賺大錢很容易，賺小錢很困難，在當時我聽不明白，當時我無法理解他到底在說什麼，可是後來經過十幾年的琢磨，我終於明白他在講什麼，當你一但明白他在講什麼，你就會發現賺錢很容易了。

故事十：「床底下長出的麵包」

這是一個關於通過時間跟複利的概念，累積驚人資產的故事，也是股神巴菲特致富的祕密。我們都知道，巴菲特14歲開始第一次的股票投資後，他就決定將來要從事股票投資的工作，從他20歲正式用30萬的本金開始投資，一直到他現在超過90歲的高齡，總共累計超過了200多倍的資產，在2020年，他的身價超過830億美金。

一、50萬的一台車

剛出社會的時候，我在外商企業上班，因為是新鮮人的緣故，完全沒什麼工作經驗、也沒有什麼專業的技能或方法，所以，每天上班工作都做得非常辛苦，雖然在外商企業上班，一個月有3萬多元的收入，比起其他同學，收入勉強過的去，但是要說這日子能過得多滋潤，其實是非常困難的。隨着時間一天一天的飛逝，忽然之間，幾年就過去了，每天滿腦子都是想著怎麼把工作做好，在上班、下班，日復一日的行程中，從來就沒有理財這個選項，也沒有去關注理財這件事情，更沒有人告訴我，你應該怎麼樣去規劃人生的財務，怎麼樣去賺錢，怎麼樣擁有正確的財商觀，所以我也毫無頭緒，也沒有概念，也不知道我到底做的是對，還是錯。

大概從大學畢業五年之後的某一天，我們辦了個同學會，聚會的時候，大家天南地北的開聊，話題從大學畢業之後，你做了什麼、我做了什麼；你在哪上班、我在哪上班；你賺多少錢、我賺多少錢，我那討厭的老板是什麼樣的德性；誰在追誰，誰跟誰在一起，講這些八卦。但是當中，有個同學講了一件事，讓我記憶猶新，可以說是一個蠻特別的故事。

這個同學叫做Andy，在學校的時候我對他沒有特別的印象，同學會那天，大家吃飯喝酒聊天特別開心，所以多喝了幾杯，聊著聊著，我說，我這幾年在外商公司上班，每個月薪水從3萬多元好不容易加到了5萬多元，我因為從小窮怕了，所以我最大的願望就是想要成功、想要賺錢、想要致富，當我有錢的時候、有能力的時候，我想買一台車，終於我實現了這個目標！我花了五年的時間，存了五十萬，買了一台我自己覺得很好很好的車子，我越講越得意，各位可以想想，五十萬的車子開起來，油門踩下去，轟轟聲像野獸一樣，原始的嘶吼聲，各位都知道，男生都喜歡這些東西呀，而且這台車不只好看，開在路上特別拉風，開着這台車子去約會，基本上都不會被拒絕，所以，那時候特別特別的自我感覺良好，人生彷彿已經來到了高潮，站在生命的巔峰，因為我擁有了一台車，我的同學很多都還在騎機車、坐捷運、坐公車，我卻擁有了自己的車子。

正當我洋洋得意的時候，Andy說了，他跟我一樣也是大學畢業之後，勤勤懇懇的到公司上班，經過五年的時間，他也存了五十萬。但是，他沒有去買車，他在市區接近蛋黃區的地段，買了一間房子，我就想，我買車，開出來大家可以看得到，你買房子幹什麼呢？你買房子，大家也不會去你家玩，誰也看不到你到底混的好不好。

當時我覺得，這個Andy同學真的腦袋有問題，好不容易賺到一筆錢，應該好好的犒賞一下自己，你怎麼去買房子呢？你應該去做自己喜歡的事情，哪怕不買車子，像女生可以買包包、衣服，甚至可以大家一起出國玩，這些錢好不容易賺來的，我們就應該把它花掉，人生最重要的事情就是讓自己快樂嘛！讓自己快樂最好的方法就是花錢哪！當時，我的想法就是這樣子，因為我從小到大窮怕了，好不容易有一點錢，我就開始覺得這些錢要好好的拿來對自己好。所以，我對自己好的方式，就是想辦法把錢花掉。這樣的觀念真的很要命，當時我不理解，現在回頭想想，真的太恐怖了。

為什麼太恐怖呢？後來我們再經過五年的時間，也就是從大學畢業之後，總共是十年的時間，我們又再一次的聚會，這時的我呢，發展得非常的好，已經成為外商公司的部門經理，年收入超過百萬，我覺得我的收入已經相當高了，日子過的可以，但總覺得缺乏什麼東西。這次同學會我又遇到了Andy同學。酒酣耳熱之際，我們又開始聊起了過往。他說起了這五年當中，他的發展歷程，我一聽，差點暈倒。

他跟我說，同學，你還記得嗎？當年大學畢業五年後的同學會上，我跟你說我拿了50萬去買房子，而你拿了50萬去買車子。當時你並不在意，而且好像還有一點在嘲笑我，說我這個笨蛋為什麼拿錢去買房子，我不以為意，我現在告訴你，後來我把房子賣掉了，這房子增值了五倍，變成了兩佰五十萬元，各位可以想想這個概念，然後我拿這個錢當首付，又買了一套更好的房子、更好的地點，同時我手上還有現金。

除了換新房，Andy還拿剩餘的現金開始去做生意，加盟知名飲料店，經過這幾年努力經營，他成功的成為四家飲料店的老闆、一家雞排店的合夥人。所以他在台灣有五家餐飲店，同時他也取得了在中國江蘇省一個地級城市的總代理資格，也就是說所有的人想在那個地級城市開他們的飲料店，都要找他加盟，他就收取加盟金跟每年的權利金，可想而知，他賺了好多好多的錢。

他這些資本從哪裡來呢？第一個五年，他透過打工上班累積到了第一個財富。然後他把這個錢拿去買房子，然後透過房子的增值，他把房子賣掉取得了一筆錢。他把一半的錢拿去創業，一半的錢拿去換一套更大、更好的房子。像我們的黃金學區，或者在捷運站口這樣的地段的房子，房子不停的增值，他的事業也做的非常非常的好。當下，我覺得好神奇，好神奇，同時也覺得心裡有一點難過跟後悔。為什麼呢？各位猜猜，我那台車子怎麼了？

那台車在五年前買的時候，是一台很好很好的車，可是經過五年的時間，車款已經老舊了，因為車廠每年都會換新的車型，一開出來大家都知道這是舊款的車；第二，車子每年的保險費、維修費、油錢、停車費等等，林林總總的費用，一年要花我大概幾十萬跑不掉，這是一筆不小的負擔啊。車子開了五年，零件總是這個壞、那個壞，經常要維修保養，每次一維修都是幾千、幾萬元就不見了。所以經過五年的時間，我的車徹底的變成了一台爛車；甚至更慘的是，它每天都從我的口袋拿錢出去。

當時我非常的不明白，為什麼Andy同學可以那麼成功啊？同樣的十年當中，人家成為連鎖店的老總，並擁有一個地級城市的連鎖加盟經營權，而我雖然在外商公司擔任部門經理，薪水也不錯，可是事實上我的存摺也好，我的口袋也好，經常是沒有隔夜的錢，我也沒有明白到底怎麼回事，我總是想著，我再努力的賺錢，就會有更多的錢，可是我始終沒有搞明白，我的錢跑去哪裡了？直到Andy同學告訴了我，他這十年的發展，我才開始反思，為什麼我的錢不見了？因為我的選擇錯誤了。到底我選擇了什麼呢？用財務、財商的專業術語來說，叫做「選擇了負債」。那我的同學他選擇了什麼呢？他一開始就做對的選擇，選對了方向；他選擇了資產，我選擇了負債，他選擇了資產，經過一段時間之後，慢慢的，兩個人的差距就會拉開了。我們來解釋一下什麼是資產負債，也就是《富爸爸，窮爸爸》的作者清崎所說的，負債，就是欠人家錢，早晚都要還的，這叫負債；什麼叫做資產呢？資產，就是可以變現的東西，你擁有這個東西之後，可以換成現金，叫做資產。

那麼，負債是你欠人家，早晚要還的錢。而資產是什麼呢？它有兩種，一種是固定資產，一種是流動資產。舉例，廠房是固定資產，我們住的房子也是固定資產。什麼是流動資產呢？就是現金，或等同現金的股票、保險等等馬上可以換成錢的，叫做流動資產。所以我的同學，跟我同樣從大學畢業，經過十年，他成為百萬、千萬、億萬富翁；我的資產不停的減少和縮水，而他不停的膨脹。終究的原因在哪裡呢？因為我們分別做出了不同的選擇，我選擇負債，他選擇資產。

各位親愛的朋友，你有沒有發現一件事情，為什麼我們的錢比別人少？是不是可能在當初我們還有機會的時候，我們做出了錯誤的選擇？我們呢把錢拿去消費、拿去揮霍、去吃喝玩樂，進入所謂的負債。我們買了奢侈品，欠了卡債；

買了車子，變成車貸。這些東西如果沒有辦法滋生更多的現金，它都會變成負債；如果你買的東西可以讓你產生更多的現金，或減少現金的支出，那它就叫資產。所以我們來思考一件事情，各位，你手上有沒有奢侈品？有沒有車子？有沒有信用卡？有沒有卡債？

接下來，通過這個故事的啟發，我們要先整理手上的東西，不管是房子也好，車子也好，信用卡也好，它到底是屬於資產，還是負債？如果它是屬於資產，那恭喜你，你可以繼續持有；如果它是屬於負債，那趕快把它處理掉，而且不要讓它留着越滾越大，因為這些負債會吃掉你辛苦努力得來的的財富、工資。每天勤勤懇懇上下班，賺來的那麼一點點微薄的工資，都會被你的負債、卡債、車貸，甚至房貸吃光光。所以，如果你的車貸、卡債是負債，趕快把它處理掉；如果你的房子是投資的、自住的，那麼就沒有問題，但是也不要把自己壓得死死的，喘不過氣來。

為什麼80%的人存不到錢？我想，已經非常的明白了，因為大部分的人沒有具備財商的觀念，也分不清楚什麼叫資產、負債，也就是把大部分的錢都花光了，或者還寅吃卯糧，把明天的錢都花光了，所以就進入了一個負債的循環，所以越活越苦，沒有辦法越活越好。如果想要越活越好，那就要努力的脫貧，朝向財富自由的目標邁進。

二、月光族的慶典

在國外有一個知名的人才研究機構，針對90%的上班族做一個調查，這個調查蠻有趣的，就是針對這些大部分的上班族，詢問他們的財務狀況，得到一個數據，有46%的人是屬於月光族，什麼是月光族呢？月光族就是每一個月領到的薪水，基本上到月底前，錢都已經花光了，有些不止花光，甚至不夠用，在這46%的人裡面，就有16%的人，不但錢不夠甚至還去借錢來過日子。

曾經在我的生命中，有一段過程，就是在外商企業上班的那一段時間裡面，也當過月光族，但是當時的我，對自己所處的財務狀況是渾然不知的，只是經常覺得納悶，為什麼我每個月的薪水左手領、右手就不見，然後我有好多的卡費要繳，有時只能付最低金額，甚至要動用循環利息，直到有一天我在街頭偶遇了幾個同學，這個故事就開始拉開了序幕。

有一天我出差去辦一些公務，那一天因為事情比較早處理完畢，各位都知道上班族有一種心態，反正公司不是我的，能偷懶就偷懶，只要老闆看不到我就想辦法摸魚，所以那天雖然下午兩點我就把公事處理完，正常來說我應該要回到公司好好的上班，可是那一天我壓根都不想再回到辦公室，只想回家好好的休息睡個覺。

我灰溜溜的走到捷運站，在下午兩點的時刻，應該沒有我認識的人會在捷運上，因為自己「提早下班」，一定不能撞見熟人，車子行進中，忽然之間，有一位30多歲的男人，一直看著我，一開始我沒有發現他正瞪著我看，也沒有特別搭理他，結果這傢伙不但一直看著我，最後還走到我面前來，頓時嚇了我一大跳，然後他就說了一句：「請問你是不是姓王」，我說：「是的」，他又接著說：「你是不是叫寶哥啊？」嚇著想說這個人是誰？會不會是公司的人，怎麼在捷運上遇到熟人了，而且搞不好是公司的人或者長官，那豈不是完蛋了嗎？我說：「對！沒錯，我是寶哥，您是哪位呢？」他說：「寶哥，你不知道我是誰嗎？你再看看我，好好瞧瞧我，我是你的大學同學，我姓蔡，我是蔡探長啊！」我定睛一瞧果然真的是蔡探長，他變的蒼老跟憔悴許多，頭髮也變稀鬆了，難怪一下子沒認出來，原來他確實是我大學同系隔壁班的同學，還曾經住過同一個宿舍，是同舍的室友，大家當時感情還特別的好，只是經過了十幾年的滄桑，感覺他變成一個糟老頭，那我自己覺得我基本上還是個春風得意的英俊小生樣。我一看這人怎麼老得這麼快，心裡面特別的惆悵，但又很高興，因為人生四大喜事之一，叫做「他鄉遇故知」，我竟然在捷運上，遇到了多年沒見的大學同學，真的太興奮了。

兩人越聊越起勁，我問他說：「接下來有沒有什麼事情？要不要聚一聚，喝二杯？」本來想回去睡午覺，既然遇到同學，當然應該要好好的敘敘舊，這十幾年來錯過了彼此很多的消息，沒有好好的聊聊近況及發展，我提議各自找我們還有聯絡的同學，把這些兄弟通通找過來晚上聚個餐，順便喝兩杯小酒。

於是我們找了一個非常高級的餐廳，位置就在車站附近，高檔的餐廳消費價格特別昂貴，我們吃了燒烤還喝了特別貴的日本酒。就在這個下午的時間，幾個人開始陸陸續續的從各地趕過來開始聚會，從下午大概三點就開始吃吃喝喝，一直吃喝到晚上的十點半，該吃的吃該喝的喝，最後離情依依的散了場。

散場的時候當然要有人買單？買單的時候我就自告奮勇說：「今天這一攤我來買單吧！」。各位猜猜看，我們從下午三點開始吃燒烤喝好酒，這一餐總共花了多少錢呢？跟各位說大概花了快1萬5千元，你說這個錢多還是少？

那時候我的薪水大概是十萬塊左右，說多不多、說少也不算少，還是可以過日子的，所以我就打腫臉充胖子，因為同學這麼久沒見了，再加上這個聚餐是我跟蔡探長發起的，然後我的好勝心又強、又死愛面子，同學搶著買單，我說不要吵我來買，彷彿銀行就是我家的，鈔票自己印的感覺。花了1萬5千元，各位想想我一個月的收入是十萬，這一張帳單就用掉了我15％的月薪，可以想想這個錢到底是多、還是少呢？

買完單之後，同學熱情地握著手跟我說，下次我們要多聚聚，我聽得可開心了，為什麼？因為每一個同學都來握著我的手，都跟我說我是好人，當時我也沒有多想，特別開心因為花這個錢，買了面子、做足了裡子，老同學又開心感謝我，還說下次還要再跟我聚會，一下子就感覺到我好像有了主角的光環，我仿佛有一種錯覺，就是這個錢花的特別值得，其實我不知不覺當中已經陷入了一個陷阱，就是月光族的陷阱，我成為了月光族而自己沒有察覺到。

買單的時候是刷信用卡，刷信用卡的時候因為沒有拿現金去買單，是不會有錢被花掉了、變少了的那種疼痛感覺，如果今天身上是帶了一堆現金，當我們把這些錢花光了，相信大家一定會感覺今天花了好多錢、心好痛，可是當時我之所以成為月光族，最主要的其中一個原因，習慣了使用信用卡消費，信用卡基本上就是銀行預先給你一定的額度，然後你在這個額度裡面去消費，消費完之後，到月底再來結算，可想而知我們在刷卡的時候很高興，可是臨到繳費的時候就痛苦了。

1、跟錢有仇
2、忍無可忍
3、口袋破洞
4、特別想買

財經專家特別去研究，發現了人之所以會成為月光族，大概有四種原因，第一個就是跟錢有仇，口袋裡有一些錢，因為跟錢有仇所以一定要把它花光、殺光、為國爭光，月初的時候有一點錢就把這些錢花完，接下來就省吃節用，這個是第一個原因叫做跟錢有仇。

第二種情形叫忍無可忍，一開始的時候是非常節制的，舉例像我們很多的女生在逛街的時候看到漂亮的衣服、漂亮的包包，都會克制不了那種衝動的欲望，但是摸一摸口袋發現，自己的銀行也好、信用卡也好都沒有錢或額度了，這時候就會告訴自己要忍耐下個月再來買，因為不停的告訴自己忍耐忍耐，忽然之間有一天又經過了那家店，發現自己忍無可忍了，這下完蛋，不但踩不住剎車，前面的錢全部花完之後還超支，這種狀況叫做忍無可忍。

第三種就是口袋破洞，這種人基本上就是大錢不花，但是小錢不斷的像壞掉的水龍頭滴滴答答狂漏，雖然不會一個晚上直接把蓄好的水塔水漏光，但是點點滴滴長期累積也是很恐怖的，所以口袋破洞大錢不花小錢不斷。比如下午的時間一定要買個星巴克的咖啡，一杯就160幾塊，再吃個下午茶，整套吃下來可能3佰塊，各位想想每天這樣3佰塊，一個月下來就是1、2萬元的開銷，這種錢就叫大錢不花小錢不斷，這就是口袋破洞。

還有第四種狀況特別想買，這種更慘，就是我們所謂的剁手黨，特別是在一年一度的百貨公司週年慶、雙11或者1212狂歡節，每一年都有好多的名目、節日，包括我自己一旦打開這些購物網站就受不了，其實有一些東西，我根本用不到，但是看到這些照片、視頻、文字說明特別吸引人，哪怕我用不到也想買，買了一些沒有用的東西，這種概念就是第四個原因造成月光族的情形。

成為月光族有種種的原因，哪一種是自身的原因，哪一種是家庭的原因呢？就像我跟這些同學們聚會的時候，其實大家都各自有了家庭，聊起這些過往的時候特別心酸，因為有了家庭就有房子、房貸的壓力，要買車子就有車貸的壓力，要養小孩有學費的壓力，父母老了要奉養他們，然後有紅白喜事、保險各式各樣的費用，所以成為月光族有時候是不得已的。為什麼我們要賺錢？肯定不是要來這個世界上班賺錢，然後隨意的把錢花光，再勒緊褲帶過日子，成為所謂的月光族。

2017年諾貝爾經濟學獎得主理察・H・塞勒（英語：Richard H. Thaler）首先提出「心理帳戶」這個概念（Mental Accounting）

1、工作所得
2、獎金收入
3、意外之財

所謂「心理帳戶」這個概念，就如同我們去銀行開一個「存款帳戶」一樣，只是這個帳戶往來進出的不是金錢，而是心理的感覺……，第一種叫做「工作所得」的心理帳戶；第二種叫「獎金收入」心理帳戶；第三種叫「意外之財」心理帳戶。

屬於工作所得的心理帳戶會比較傾向去珍惜金錢，捨不得花用；獎金收入的心理帳戶，比如說績效特別好，老闆獎勵額外的獎金，這筆錢本來就是期望之外的收入，一般人對這個獎金收入會比較捨得花，買個首飾鑽戒來犒賞自己或是去國外旅遊。意外之財的心理帳戶，這個使用更是特別，既然是意外之財，本來就不屬於你的錢，比如說買彩券得到的彩金、賭博贏來的錢，這些叫做意外之財，把錢花光完全是理所當然。所以一個人成為月光族有種種的原因，我們已經剖析四種原因，然後因為人在心裡面又有三種的心理帳戶，沒有成為月光族的人，是因為他在心理帳戶中，把它設定歸結為工作所得，所以是捨不得去花的。

不管以前我們財務的狀況是什麼樣，不管是什麼樣的原因造就我們成為月光族，我想接下來要跟各位分享一個重要的概念，以前都已經過去了，接下來最重要的關鍵，是好好的活好現在跟未來，不要再過苦哈哈的日子，我們要跟成功跟有錢的人來學習，所有的成功者或者是有錢人他們都有一個小目標。

哈佛大學在1979年，曾經對它的商學院MBA學生做了一個調查：**「有多少人，對未來設定出明確的目標？」**

當時的研究結果發現：

84%的人，沒有明確的目標。

13%的人，有明確的目標，但沒有寫下來。

3%的人，有明確的目標，並且有寫下來，甚至包含詳細的執行計畫。

這個題目很簡單，就是有多少人對未來設定明確的目標，當時把問卷收回來有84%的同學沒有明確的目標，13%的人說我有明確的目標，但是沒有把它寫成白紙黑字，另外只有3%的同學說我有明確的目標，我不但有明確的目標，同時我還詳細地把它寫下來，包括打算怎麼樣去執行跟完成，這個研究報告在哈佛大學提出來之後，後面十年他們跟進這些學生的狀況，各位猜猜看發生了什麼事呢？

13%有設定目標，但沒有寫下來的人，他們的收入比沒寫目標的人，平均高出2倍！

3%有設定目標，且有寫下來、並訂出明確執行計畫的人，他們的收入比沒寫目標的人，平均高出10倍！

我們可以從這裡得知一件事情，有目標跟沒有目標對一個人的人生是有多麼重要，經過十年的時間發現有目標跟沒有目標的差異非常的大，甚至能夠把目標詳細的寫下來，然後包括怎麼去執行跟完成的人，那麼最後他的收入至少是一般人的十倍以上。人之所以會成為為月光族任意的揮霍金錢，通常都是因為為沒有願景的關係，有一天是一天造就了很多人對於日子和金錢不夠珍惜，所以每一天都不知道是被日子過還是在過日子，願景等於你的夢想加上目標，夢想是感性的，目標是理性的，夢想是虛無縹緲的，目標是可以被落實的，所以我們將來什麼時間點，想要過上什麼樣的日子，這個叫做願景，今天大家就把自己的願景寫下來好不好？怎麼寫呢？很簡單，寫上願景等於夢想加目標，然後很清楚地將願景描繪出來，這裡面要包括時間，例如我三年之後希望能夠在海南島的沙灘邊上買一棟200平方米的大別墅，開上一輛保時捷的跑車，然後帶上我心愛的家人一起到那邊生活，把小孩送到英國最好的學校去留學等等，你要很具體地把它寫下來，你什麼時間要完成這件事情，過上什麼樣的生活，好像電影裡面最美好的畫面，你就把它寫下來，包括你的夢想跟目標統統很具體地把它寫下來。

各位不要輕忽寫下來的這個力量，剛剛我們已經跟各位分享過了，哈佛大學曾經做了對於有目標跟沒目標的分析跟蹤調查，長達十年的時間當中發現，有目標而且有具體執行計劃的人，最後他的收入跟成長，大於其他一般人的十倍以上，所以今天你們一定要幫自己把願景和夢想寫下並描繪出來。期待通過這個故事，大家重新調整自己的步伐，讓自己脫貧不要再做月光族，甚至邁向財富自由的道路。

三、盲人射飛刀

有一天，有一位盲人，在偶然之間聽到一個朋友說，前陣子到拉斯維加斯去看了一個世界著名的馬戲團表演。其中有一個節目，是射飛刀的節目，有一位射飛刀的高手，把助理綁在圓桌上，大家都屏息以待。第一把飛刀射出去了，直接射在靠近助理的腋下；這名飛刀手非常的厲害，陸陸續續射出的幾把飛刀都是命中非常靠近身體、手腳還有頭的位置，這名盲人聽了非常有興趣，他一想，哎呀，我平常沒事做，那我也來練一些本事賺錢吧。

為什麼他會有這個想法呢？因為大家看到飛刀手睜著眼射飛刀已經很驚悚了，接下來，更讓大家嚇一跳的，是飛刀手居然拿起布把自己的眼睛蒙住，完全看不到，實在是非常的恐怖；如果你是他的助手，我相信你應該不敢待在板子上。很神奇的是，這名飛刀手功力非常好，每一把刀都沒有射到人，而且是落在非常靠近人的身體的位置。這時候台下報以如雷的掌聲，大家都非常驚訝，飛刀手居然有這麼神奇的功力，可以蒙上眼睛射飛刀。

盲人一想，居然蒙上眼睛都能夠射飛刀，我天生是盲人，如果我好好的練習射飛刀，肯定會比那位飛刀手得到更多的掌聲跟鼓舞，當然，金錢的回報更不在話下；所以，他下定決心要練飛刀。他在家裡找了一塊吃飯的圓桌，把圓桌立在牆上；因為家裡沒有專用的飛刀，他想，那我就地取材吧，我就現有的刀先來練習一下。他從廚房找到各式各樣的刀具，水果刀、菜刀、西瓜刀，有尖的長的圓的扁的，各式各樣的刀。

因為他本來就是盲人，所以不用蒙眼就開始射飛刀了。當他第一刀射出去的時候，他沒有聽到飛刀擊中餐桌的聲音，倒是大概經過了3～5秒鐘的時間，感覺在遠遠的地方傳來一個人的慘叫聲。但是因為他看不到，所以他也不知道是什麼原因。反正他也不管啦，繼續他的練習。接著他射出了第二刀，感覺好像又沒有射到那個標靶，幾秒鐘之後又聽到遠遠的地方傳來了慘叫聲。

就這樣連續射了四、五把刀出去之後，他躡手躡腳的往前去摸他的餐桌，準備把他的刀回收回來，準備再練習的時候發現，奇怪，怎麼一把刀都沒有呢？我的菜刀呢？我的水果刀、西瓜刀呢？我的長短刀呢？我的圓刀、扁刀呢？一把刀都沒有射在餐桌標靶區上啊！他覺得很納悶，東找西找。這時候，他家門口傳來很大的喧譁聲，救護車也趕過來了，警察好像也來了，這麼多人圍在一起，到底發生了什麼事呢？

原來因為他的家在一樓，正當他射飛刀的當下，家裡的窗戶是打開的。各位知道這位盲人沒有經過嚴謹的專業訓練，射飛刀的時候並沒有辦法很精準地射到標的。結果，菜刀、水果刀、西瓜刀，各式各樣的刀通通飛到街上去；這時候，剛好街上好多路人經過，當他射出一把刀的時候，不偏不倚地就射中了路人！菜刀、西瓜刀、水果刀，統統都插在路人身上，這些路人莫名其妙的以為遇到恐怖攻擊，現場狼狽不堪，一堆人躺在血泊當中。

當然這是一個笑話，這個笑話告訴我們一件事，其實盲人射飛刀是相當危險的事，不要說盲人了，明眼人射飛刀都很危險了，更何況是盲人呢；特別是沒有經過專業訓練，沒有適當的準備就去射飛刀，是非常非常危險的舉動。有一句歇後語讓各位來猜猜看，「盲人射飛刀」是什麼意思呢？答案很簡單，叫做「目的不明」。

過去我所做過的蠢事，就跟盲人射飛刀一樣，目的不明。我曾經有異想天開的想法：「我除了上班之外，能不能擁有其他的投資收益？」所以呢，只要有人來告訴我有投資的機會，我就投錢，我沒有很認真的去做功課，甚至沒有去參與經營；這就不是跟盲人射飛刀相同的情形嗎。我呢，就是拿起飛刀就亂射，但目的不明。可想而知，結果都是失敗收場。

- **90%上班族想過要創業**
- **18%的人付諸行動**
- **其中76%創業失敗**

根據調查，百分之90的上班族曾經想過要創業，你可以想像這個比例相當的高。事實上大家都有創業的想法，真正去實現去做的人有多少呢？只有18%，不做是永遠不會成功的。18%的人去做了之後，有76%的人最終創業失敗，是相當高的比例。所以我們得到一個結論，創業並不是我們想象中的那麼容易。

失敗的原因：

1、56.2%現金流斷鏈

2、44.5%賺不到錢

歸結起來，最終創業失敗的最主要原因有兩個，大部分的人為什麼創業會失敗呢？有56.2%是因為現金流斷鏈，沒有錢，所以再也支撐不下去了，哪怕明天再美好，也沒有辦法活過今晚；另外44.5%的人創業失敗的原因，是因為放棄了。為什麼會放棄呢？因為事情沒有想象中的美好，因為真正去創業之後發現賺不到錢，所以又回到了自己的老本行繼續上班，把公司、店鋪停掉。所以創業失敗大概歸結起來就是兩個原因，除了這兩個原因，最後我們還可以發現一個共同的症結，就是「錢」有了問題。

來講講我的創業史吧。我第一次創業是跟我的家人合夥開了餐廳。我的二哥是一個非常頂級的中餐廚師，他做的菜非常好吃，我們為了支持他，同時也為了有創業的機會，我們家的五個兄弟姐妹就一起拿出了3仟萬投資這間餐廳。餐廳相當的大，加上停車場總共有兩千平米，各位可以想像，3仟萬的餐廳是多麼氣派輝煌啊！我覺得非常的開心，因為我終於有一個頭銜，叫做「老闆」。

當時我每天都去餐廳，漸漸的發現有一點不太對勁。餐廳開的非常大，但是生意好像不怎麼好，因為我的哥哥是廚師，所以我想，既然我是學營銷的，就開始跟哥哥商量我們應該要這樣做、那樣做。然後我發現，我們兄弟因為經營上理念有所不同，常常講著講著就開始吵架。最後哥哥跟我說了一句話，我記得特別深刻。他說：「哎呀！你還是好好回去上班吧！你這個完全不懂餐廳的生意，完全不會煮菜的人，不要指手劃腳啊！」我很生氣，我從此負氣再也不去那家餐廳。各位猜猜，接下來發生什麼事。

大概半年不到的時間，我們的餐廳就宣告倒閉了。為什麼會倒閉呢？後來我歸結出來有兩個原因，第一個原因，因為我只出錢沒出力，我沒有好好的認真去學習餐廳的經營管理。第二個原因，就是我哥哥雖然很會煮菜，但不代表他很會經營餐廳。各位都知道，良醫不自醫，經營管理優秀的人叫做老闆，做菜優秀的人叫做廚師，這是兩種概念啊，但是當時我並不明白。不到半年，我們兄弟姐妹的3仟萬就打水漂了，各位可想而知這有多心痛啊！這個錢是我每天勤勤懇懇上班賺到的錢，來之不易，很辛苦存下來的，一夕之間都沒有了。

儘管這樣，也沒有打斷我想要創業的夢想。因為我覺得，每天去上班終究不能出頭，永遠都是寄人籬下，不能成為富豪。所以我每天都在找創業的機會，都在找賺錢的方法，只要有人跟我說、我就投資。接著我又遇到了幾次的投資機會，我在醫院的美食街開了兩次的餐廳，在大學也開了一次的餐廳，也開了飲料店，但最後都是以失敗告終。為什麼會失敗告終呢？歸結起來還是兩點。第一點，我沒有親自參與經營；第二點最重要的原因，是因為賺不到錢或者是資金鏈斷了，所以我的投資就這樣宣告終止了。

這一來一回大概有五六次的投資，我大概賠掉多少錢呢？大概有1仟5佰萬左右吧！就算我再會賺錢，但是我另一邊不停的賠錢，各位可想而知，我過得是多辛苦的日子啊！好不容易存了一筆錢就去亂投資，投資之後又倒閉，然後陷入了一個循環，我的錢不但沒有回來，而且越欠越多。雖然我賺了很多錢，可是我總覺得錢老是不夠用。

最後我終於明白一個道理，天上不會掉餡餅。如果你不參與經營，你不去了解、不去努力，你自己不參與的話，基本上，你做的任何事業都不太可能成功。我們說，投資有三本：1.本人、2.本事、3.本錢。

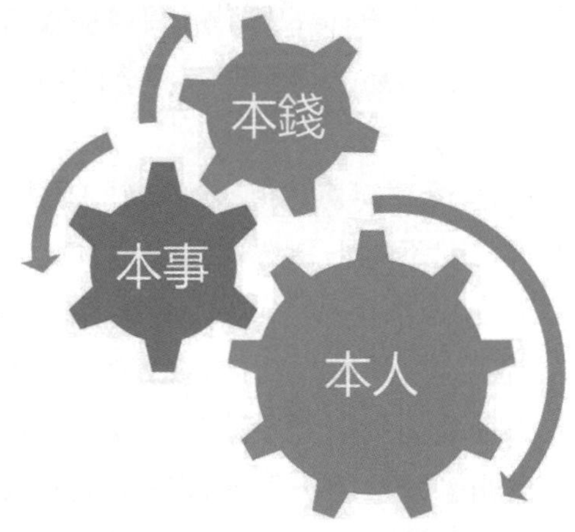

我相信有很多朋友跟我的想法一樣，大家雖然人在上班，但眼睛老是看著外面的機會。我要很認真、很嚴肅的提醒各位，希望你們不要犯跟我一樣的錯誤，不要再重複做盲人射飛刀這麼危險的動作。如果你要投資的話。你一定要本人親自參與；然後呢，你要有這方面的本事；最後呢，你要有足夠的本錢。如果你沒有符合這三個條件，就是本人、本事、本錢全部到位的話，我個人建議，再好的投資項目都跟你沒有關係，千萬千萬不要輕易的把你的錢投出去。

特別是現在這個時間點，大家都拼命的瘋狂的找投資機會，每個人手上都有三五個投資。最恐怖的是，周遭的親朋好友三不五時的來跟你講這個投資那個投資；這個投資那麼好，那個投資那麼棒，讓你眼花繚亂。各位親愛的家人朋友，你們千萬要定心，在評估一項投資的時候，還是要回歸到我們剛剛講的三件事，本人、本事、本錢，不要輕易的把你辛苦的勞動所得花掉了。因為寶哥有切身之痛啊，1仟5佰萬不是小數目啊。在幾年的時間之內要存這個數字都不容易了，卻一夕之間就沒有了。所以呢，現在投資項目很多，但是各位千萬要定住心，不要眼花繚亂的亂投錢。我們賺錢不容易，所以我們一定要把錢守住。

講了這麼多負面的部分，我們來講講正面的部分讓各位有所準備。我希望能夠鼓勵大家，有機會的話還是要想辦法創業，在參與事業的經營當中可以獲取比較大的資本回報。但是你要創業之前，要先有心理準備，我不是故意嚇你們，是希望大家要有正確的觀念，做良好的準備，再來進行創業的投資。我分享一個人的創業故事給你們，這個人創業故事非常坎坷，最後他終究獲得了成功。如果你聽完這個故事之後，你可以像他一樣，那你就可以開始創業了。這個人在他創業成功之前，曾經經歷過最多1009次的拒絕，你沒有聽錯，是1009次的拒絕，所以如果你想創業的話，想想看你能不能頂住超過1000次的拒絕呢？如果答案是可以的，那你再創業吧。

35歲：開車路過大橋，連人帶車跌到河中。
40歲：開加油站，因掛廣告牌把競爭對手打傷。
47歲：與第二任妻子離婚。
61歲：競選參議員落敗。
65歲：政府修路，拆了他剛剛生意爆紅的快餐店。
66歲：到各地的小餐館推銷自己掌握的炸雞技術。
75歲：感到力不從心，轉讓了自己創立的品牌和專利。後來公司股票大漲，他失去了成為億萬富翁的機會。
83歲：開了一家快餐店，因商標專利和人打起了官司。
88歲：終於大獲成功，全世界都知道他的名字。

寶哥要跟各位介紹一個人，這個人叫做哈蘭桑德斯，他就是大家知道的肯德基炸雞連鎖店的創始人，肯德基上校。他的人生非常的坎坷，1890年9月9號，他出生在美國的印第安納州，上面我們列出了他的生平。他五歲的時候，父親因病過世，沒有留下任何的財產，家裡過得非常的辛苦，你看從他5歲到88歲終於才獲得成功，這中間經歷了多少坎坷的路啊。

在他12歲的時候母親改嫁，只要母親不在家的時候，繼父就會毆打他。於是他14歲離家出走，開始流浪的生活。16歲的時候，他謊報年齡去參軍，因為參軍的過程中嚴重的暈船而被驗退，所以他連當兵也不順利。他從五歲失去父親，一直到16歲都非常的坎坷，一直都在漂泊。到了18歲，好不容易娶個老婆，誰知道老婆在一夕之間把他所有的家產變賣，捲款逃回娘家，你說這樣的人可不可憐。

到20歲的時候，他開始去上班，當電工、開渡輪，甚至去鐵路工作，各式各樣的苦力活都幹了，但是工作都一直都不是很順利，一直到30歲的時候，他到了保險公司當保險員，一開始的時候業績是不錯的，可是經過一段時間之後，發現獎金跟當初老闆說的不一樣，為了這個事情跟老闆大吵一架，結果保險員的工作也沒有了，你們說，這個人有多倒楣。

接著他透過空中的自我進修，學習了專業的技術和知識，獲取文憑與學歷。他相當的認真，在31歲那一年，他就當起了律師，在法庭當中幫人辯護。可是這個人可能脾氣有問題，他在辯護的過程當中居然跟當事人打架！可想而知，他這個律師也當不下去了。接著在32歲那一年，他開始失業了，而且一直很倒楣。35歲的時候，他開車經過一座大橋，結果整個大橋斷裂了，他連車帶人掉到摔到橋底下，身受重傷，從此他就再也做不了銷售員的工作了，哎呀，你說這個人是不是倒楣透頂啊。

從35歲到65歲之間，他陸陸續續做過很多的工作，包括他開了加油站，但也因為招牌的關係，而跟別人起爭執打架。然後又跟第二任的妻子離婚，這之中還選過參議員，當然是落敗的。一直到61歲的時候，他看到了一個商機，當時的美國在各地修建公路，美國人開始開車出遊，還有卡車運送貨物，成為一個常態。所以他就在洲際公路旁邊建了一個餐館，餐館的生意非常好，因為前不著村、後不著店，只有他的餐館可以吃飯和休息。而且他做的炸雞特別的好吃，所以餐館就爆紅了。

他的餐館做的真的非常好，於是他就想把賺的錢拿去買了一塊地，準備擴大營業規模。但地買下去，倒楣的事情又發生了，因為政府徵收他的地要蓋高速公路，他的餐廳因此就被徵收了；好不容易找到一個事業的機會，把餐廳經營的紅紅火火，結果一夕之間又沒了，賺的錢也就全部賠光了，真的是倒楣至極。他在66歲那一年，實在是不知道該怎麼辦了，於是他就想了一個方法，因為當時他是用壓力鍋去炸雞，在美國呢是第一次有人用這種方式炸雞，而且非常的好吃。所以他就想，那就去推廣這種炸雞的方法吧。

於是，他帶着他的壓力鍋，穿上白色西裝，別上紅色領結，也就是現在連鎖店門口可見的著名裝扮，開着破舊的車子到全美各地，開始推廣這種用壓力鍋炸雞的方式。當時他想到一個方法，只要賣出一隻雞，就收取五美分；五美分就是15元，他到處到餐廳找合夥人，告訴他們，我可以教你們怎麼樣可以把炸雞炸得又快又好吃，你只要賣出一隻雞，就分我15元，當時人們都當他是瘋子、神經病，怎麼有這種人啊？他經過一家店、兩家店，一間餐館、兩間餐館，經歷1009次的拒絕，各位可以想象1009次的拒絕，這是什麼概念啊？

直到第1010次的時候，終於有一家餐廳接受了他這個想法和建議，這就是在鹽湖城，第一家肯德基的餐廳；也開始了特許加盟這個生意模式。從此肯德基上校開始了名聞遐邇，生意越做越大。一下就有幾百家的加盟店，所以他的錢越賺越多，這時候肯德基已經在全美國掀起了知名度。講到這裡，我們回頭想想自己，如果今天我們是肯德基的創辦人，哈蘭桑德斯上校，你能夠經歷幾次創業的失敗和打擊？你能不能夠扛得住1009次的拒絕？你能不能頂得住創業一再的失敗，命運一再的捉弄你呢？這個人確實是一個奇葩，值得我們尊敬。

我相信，大概沒有幾個人能夠像肯德基上校這麼有耐性和韌性，一而再、再而三的屢敗屢戰，相信很多人都是禁不了一次兩次的失敗。我也是經過數十次的失敗，我的每一次投資都是失敗的，但是我不害怕失敗，每次失敗之後，我都會總結、分析和檢討，我是屢敗屢戰，而不是屢戰屢敗。所以我得到了一個經驗，就是如果要投資創業的話，除了一定要有三本，本人、本事、本錢之外，還要有運氣，就像肯德基上校的運氣真的很不好。再者還要加上堅持，要經過1009

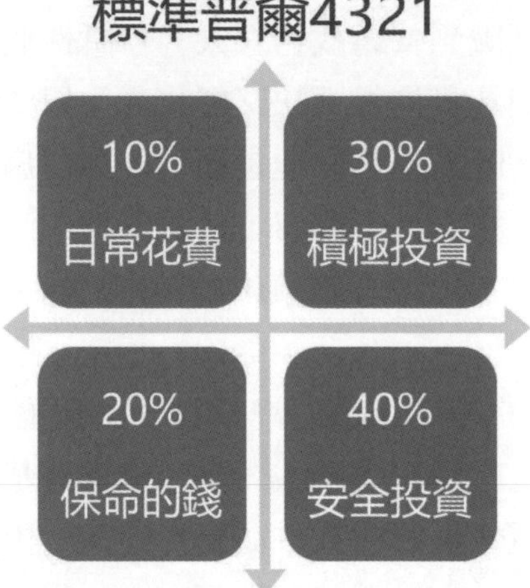

次的拒絕，相信我可能也做不了，如果我們沒辦法做到這樣的程度，那我們的錢該怎麼樣去安排和配置呢？

要跟各位介紹一個比較有名的資產配置的方式，叫做「標準普爾4321」。舉例來說，你有100塊的話，40%要做什麼、30%做什麼、20%做什麼、10%做什麼，加起來就是4321，總數是100。各位，我們今天最大的學習收獲，除了剛剛的第一個，不要亂投資之外，接下來就是跟各位分享一個重要的財商觀念，「標準普爾4321財富配置藍圖」。

如果你手上有100塊錢，那你應該怎麼樣去安置這100塊呢？你應該把40%的錢做在保本的資產配置。什麼叫做保本呢？我們總有一天會老，我們要留下錢能夠養老過日子；這40%的錢我們就要去做一些安全的投資。舉例，像是銀行的定存或者債券，它有穩定的收益和回報，同時沒有太大的風險會把你的錢全部吃光光。你的投資配置當中，100塊錢有

40％應該來做的就是保本的錢。那30％拿來做什麼呢？30％拿來做一些積極的投資，就是讓錢能夠生錢的投資，比如我們去投資一些基金，投資一些股票，這30％能夠生出更多的錢，將來為我們所用。

再來，20％我們拿來做保命的錢，買一些醫療保險、社會保險，預防意外來臨的時候，我們有抗拒這些意外的能力，所以這20％我們拿來做保險，包括汽車的保險、房屋的保險、人身的保險等等，你要有儲糧過冬的概念。當我們有意外的時候，我們如何去面對呢？最大的問題風險就是，可能某一天我們遇到意外或生病了，進到醫院的開銷相當可觀；這時候，我們就要拿一筆錢出來買保險。那麼剩下的10％我們可以做什麼呢？10％就作為日常的花費，吃喝拉撒睡全部在這10％，如果遵照這個4321的法則，那麼你做的資產配置相對來說是很安全的。

不只是安全，同時這當中有積極的，也有保守的配置。積極的配置就是拿出30％的錢去賺錢，投資股票、投資項目、投資實體店。如果你真的想要投資的話，你就拿這筆錢出來投資。如果這筆錢，我們說一句倒楣的話，錢賠光了，無所謂，因為你只賠了30％，你還有70％，而這70％的錢是怎麼組成的？其中40％是保本的錢，關於你將來的日子都能過得下去；20％是醫療保險，10％是生活所需。所以如果你能夠按照普爾4321的資產配置方式，來做好資產配置的話，那我相信所有的上班族、小資族的錢慢慢會變多，而且有機會賺到更多錢，還可以抵抗風險。

四、師兄的私房錢

記得我剛出社會沒多久的時候，到一間外商公司上班，上班的最初一個月，基本上就是什麼都不懂、什麼都不會。當時，有一個很好的前輩，我的師兄，姓楊，大家都叫他賀哥。賀哥這個人非常好，有問必答，而且對新人特別友善；不像其他人，對這些新人不理不睬，甚至是打壓欺負新人，我對賀哥就感覺非常的好，而且特別依賴他。

賀哥是一個非常好的好人，他在工作上對我有很多的啟發、幫助和指點；特別是在我進入一個陌生的環境，需要有人來告訴我怎麼樣按部就班地進入狀況的時候，賀哥的出現剛好對我來說是一個莫大的幫助，我心裡非常的感激他，每一天，我都向他請教，跟他學習；有一天我發現了一件事情，這個賀哥是一個很特別的人哦。

為什麼這樣說呢？因為我發現賀哥得了一種病，這種病叫做「妻管嚴」。其實，話說回來，他不是真的得病了，他是老婆管得很嚴很緊，就是懼內症。他每個月賺的錢通通要交回去給他老婆，聽說他老婆在家裡只要咳嗽，他就好像天打個雷這麼嚴重，我就想，這麼好的一個男人，為什麼這麼怕老婆呢？我開始跟他慢慢的熟悉了以後，有時候他就會開始跟我講他自己的一些事情。

他說，當時因為他的家境不好，所以他也是在別人的介紹之下，認識現在的老婆。老婆家裡面是開雜貨店的，然後有房子、有幾塊地；所以老婆家裡環境比他家的還要好，同時因為老婆的父母只有生了這個女兒，所以他們希望女兒能夠找到夫婿入贅，當時他因為別人的介紹，兩個人互相看喜歡了，女方的條件又比他好，所以他就同意入贅，我想，這可能是在先天上，他矮人一截的原因。

他的老婆是非常非常保守的一個人，還沒結婚之前，賀哥很喜歡打撞球，撞球其實是一個很健康的活動，但他老婆覺得在撞球館那種地方，出出入入的分子很複雜，要不就是黑社會，要不就是小混混，都是無所事事的人，所以他本來很喜歡打的撞球，後來結婚後，他老婆就禁止他去打，就因為他老婆覺得那個地方很複雜、龍蛇混雜，不讓他去，所以你說這樣的人，是不是很可憐？娶了老婆之後，老婆說什麼他就做什麼，回頭想，他可能也是為了家庭的和諧幸福，不過話又說回來，確實這個日子過得有點悲催啊。

我個人覺得，夫妻雙方應該互相尊重，可能男人比較疼老婆，這是沒問題的，但如果是怕老婆，這件事就會比較麻煩。講個笑話，有間公司的老總，他也是非常怕老婆，懼內啊，估計是有什麼把柄抓在老婆手上，老總就很好奇，公司的男同事們，是不是有人也跟他一樣怕老婆？有一天，他就把公司的一百多個男同事集合到大會議室去，告訴這些男同事，告訴他們：「現在我們來做個調查，如果你怕老婆的站左邊，不怕老婆的站右邊。數到三開始做動作。」，一百多個人，在老總一講解完之後，開始各自的往左、右兩邊移動。

數到三的話音未落，100多個人當中，幾乎大部分的人全部往左邊移動。很顯然大部分的人都是怕老婆的。唉呀！作為男人這種動物真是可憐啊！現場有一個人站在中間，有兩個人站在右手邊。這時候大家都非常的好奇，為什麼現場有別人跟我們不太一樣的選擇呢？特別是站在中間的這位同事，到底什麼情形？不站左邊，也不站右邊。老總問他，你是什麼情形呢？怕老婆的往左，不怕老婆的往右啊，結果這位同事說：「我老婆說做任何決定之前都要問過她。」搞了半天，這個人也是怕老婆的。哎呀，滾！給我往左邊去吧。

右邊呢，還有兩位男同事。這時候大家就報以如雷的掌聲，哎呀！身為男人是非常羨慕不怕老婆的人哪，老總就開始準備表揚他們，問：「老陳，來講講，你為什麼不怕老婆？你用什麼方法呢？」老陳說：「其實我也不是不怕老婆啊，是我太太跟我說，叫我人多的地方不要去啊。」搞了半天，老陳也是一個妻管嚴啊，怕老婆的，滾，你也到左邊去吧。剩下一個人，哎喲，這個人直挺挺的站在那邊，一看是工程部的老劉。哎呀，老劉啊，果然是爺們兒啊，是個男子漢，果然老劉是不怕老婆的，公司一百多個男同事全部都怕老婆，只有我們工程部的老劉不怕老婆的。

這時候，總經理把老劉叫上台表彰他：「老劉啊，你來講幾句話吧，我們大家跟你學習學習啊，如何讓家庭和睦，又不怕老婆」，老劉一上台說：「報告總經理、各位同仁，其實呢，我也是怕老婆的。」總經理問他：你怕老婆怎麼不過去呢？」「報告總經理，我老婆跟我說，在公司上班的時候，要明哲保身，不要拉幫結派，輕易站隊。」所以搞了半天，老劉也是怕老婆的。話說回來，我這個師兄賀哥，他是真的怕老婆的，他每個月賺的錢都要上繳，然後他老婆每天就給他100元做為生活費，賀哥也沒什麼壞習慣，就是喜歡抽煙、吃檳榔，這就很麻煩了，因為每天光抽煙、吃檳榔，都不只100元哪。我就很納悶，他每一天到底是怎麼過的？他錢怎麼來的？直到有一天，我發現了一個神奇的祕密，賀哥居然錢交出去給他老婆之後，他手上還有一大筆錢，我很好奇他這錢怎麼來的，直到我發現，他原來是用這個方式去把錢套出來的。

我們在這個公司做的是業務，每天都要跑市場，跑市場總是有各種各樣的開銷，有交際費、應酬費，有交通費、過路費等等。那他呢，就用信用卡去付這些費用；付完費用去跟公司請款；他老婆收到信用卡的帳單就會去繳費，以為這是她花的錢。同時他跟公司請的款下來之後，公司會用現金的形式發給他，他就靠這個現金過日子。有一天，我發現賀哥口袋一掏一大把現金，他應該錢都交給老婆了呀；結果他的錢好多好多，比我還多，原來啊賀哥就是用這種刷卡套利的方式，找到了他的私房錢。

神奇的事情是，有一天我發現他一直在看信用卡背後那密密麻麻的，細細的像螞蟻一樣的文字的條款，一般這種東西不太有人會去看的，一方面字很小，一方面看這個很無趣、很無聊，後來我才發現一件事，他手上大概有30張的信用卡，每一家的信用卡都有不同的優惠跟方案，比如你刷多少金額他退你多少錢，累積多少分數，可以換贈品，換餐飲券、住宿券、購物券或者是出國旅遊機場接送等等的這些優惠與好處，還有我發現，賀哥每個月除了很精打細算的算出刷什麼卡會有優惠之外，還可以用這個卡套那個卡的利息，以卡養卡。

所以，他的錢雖然都上繳給他的老婆，可是他經濟上仍然遊刃有餘。我充分的觀察和請教他之後，發現因為他花了很多心思在信用卡上面，他得到了好多贈品，好多的優惠券，這些東西再拿去市場上賣掉，又賺了一筆錢。各位可想而知，我們沒有花那麼多心思在這上面，覺得不值得為這些瑣事浪費時間，結果他真的就靠這個賺錢。當時我記得，他曾經跟我說過，有時候一個月最多可以賺到5萬元，各位，這個真是很好笑的事情，他的「本業」月薪大概就5～6萬元，可是他每個月光靠這些信用卡，別人可能單純就是花錢、甚至賠錢，但是他卻賺了錢，等於是兩份收入。

這件事情讓我腦洞大開，當時因為剛出社會，只學會一種賺錢的方法，也就是乖乖的去公司上班拿薪水，甚至拿點獎金，就覺得這個日子可以了，可是我沒想到，居然還有各式各樣奇葩的賺錢方法，特別是這個師兄跟我說，他可以通過信用卡套利，然後換贈品、優惠券，拿去市場賣，居然可以賺到五萬元，讓我羨慕不已。我開始思考一件事，我們除了上班之外，能不能有其他的收益來源呢？世界上大家公認的銷售大師喬吉拉德曾經說過一句話：「我早上醒來呀，就要有人付出代價，他們要付錢為我買單。」

我們一般人對於賺錢的思維，特別是上班族、小白可能就是直線思維，認為賺錢只有一種方式，就是來公司上班，其實如果我們腦筋能夠轉個彎，賺錢的想法和靈感可能在身邊經常都有。像現在這個時代，什麼樣的生活、什麼樣的日子都有人過，什麼樣的職業都有人去創造，舉個例子，我曾經看到網路上，有一種職業叫做衣櫃整理師，這種工作居然有人在做，而且還有人願意花錢去請他們幫忙整理衣櫃；還有遛狗師，專門幫人遛狗；各式各樣奇怪的職業因應而生，專門幫買家排隊的、專門幫人家跑腿的，打遊戲賣資源的……。那麼對於我們這些工薪階級、上班族來說，除了薪水以外，是不是有機會再增加一種其他的收入呢？我覺得是可以的，看你怎麼樣去思考，找到突破口。

在日本，有一家奇葩的公司，叫做「彩一」，公司的老闆叫作橫石，橫石先生很奇特，他賣什麼東西呢？他專門賣楓葉，聞所未聞吧。為什麼會賣楓葉？有一天，他去餐廳吃飯的時候，旁邊的女生正在聊天，說你們這個地方楓葉好漂亮啊！她們非常喜歡這個地方的楓葉，所以專程從很遠很遠的地方來這裡旅行、吃飯，同時撿楓葉回去收藏，當下他靈機一動，就開始準備做賣楓葉的生意，他回到村裡跟村民說：「我準備來賣楓葉。」大家都覺得他是神經病，笑話他：「這人有病嗎？怎麼可以賣楓葉呢？楓葉啊，掉在地上都沒人要撿，誰會去買楓葉呢？」

這個橫石，真的很特別、很不同，他到處去吃各地的日本料亭、高級的餐廳，研究他們在盤子上需要什麼樣的擺飾，同時跟這些料亭打好交道。他透過這些市場調查發現，這些料亭也好，各地的民眾也好，特別喜歡楓葉，什麼樣的葉子，什麼樣的顏色，在什麼季節，什麼地方，把這些包括大小尺寸詳細的記錄下來，回去找四個農民，幫他開始撿楓葉。他的生意從此就一帆風順，以後到日本的各大餐廳，特別是精緻的日本料理的擺盤、高檔的料理上面，都會有他們家的楓葉。所以你說這個生意是不是很奇葩？掉在地上沒人要的楓葉居然可以拿來賺錢啊！這就是生財有道，轉個彎，錢就會自然而來啊。

中國歷史有一位名人，叫做莊子。他寫了一篇文章，叫《逍遙遊》，裡面講了一個故事。他說，宋國一個家族，他們專門靠洗染，也就是洗衣服、染整為業，他們發明了一種可以在冬天讓手摸到水不會龜裂的藥膏，這對現在來說沒什麼了不起，可是在春秋戰國時期的當時就很厲害了，有一天，一個吳國的商人跟他們說，要買這個產品的配方，出了100金，對他們來說，這個是非常高的價錢，所以家族的人商量之後，就把防止龜裂的藥膏製作方法賣給了這個吳國的商人，吳國商人買了這個東西之後，一分錢不收的獻給了吳王。

吳王在那年冬天跟越國打仗，打得非常水深火熱，因為都是水鄉，打的是水戰，吳國的士兵手上都塗了這個防止龜裂的藥膏；而越國的士兵在寒冷的天氣下沒有這個藥膏的保護，碰到水又是凍傷、又是雪上加霜。最後吳國順利的打贏了越國，吳王回來非常的高興，就賞了這個商人一個城池，幾百畝的土地，各位可想而知，當時這個商人才花了100金的價值，去買藥膏的配方，得到的回報卻無比巨大，裂土封侯，原來在宋國人手上，看似沒有什麼了不起的東西，到了吳國人手裡，把它用在了不起的地方。

所以我想，我們作為上班族、小資族，我們每一天都應該去思考一件事情：除了我的本職工作之外，我有沒有辦法去為自己創造額外的收益和增加收入的方法，各種各樣的想法你都可以無限的，盡量去嘗試，在這個時代，特別是移動互聯網的時代，充滿了各式各樣的機會，我有很多的朋友，他們有很多很多的想法，我覺得都很神奇，曾經我遇到一個林老闆，他告訴我，他當時在澳洲讀書的經驗，他如何在澳洲賺到他的第一桶金。

林老闆是一個馬來西亞人，家裡非常的貧窮，他們家生了十幾個小孩，他是最小的。當時，他要去澳洲留學的時候，家裡沒有錢，砸鍋賣鐵的湊了一張機票，是單程的機票，有去無回的。當時他的媽媽握着他的手，告訴他；「兒啊，你要去讀書啦，媽媽跟你說啊，家裡沒有錢，去到澳洲那邊，你全部要靠自己呀，這張機票有去無回啊，剩下就靠你啦。」誰知道他讀完了四年的書，回來之後，竟成為了億萬富翁，他怎麼辦到的呢？所有的同學去到澳洲讀書之後，坐吃山空，沒錢就跟家裡要，可是他不一樣，他一開始就到處找打工的機會，做過餐館服務生，當過超市店員，後來去開計程車，他發現有很多各國的遊客來澳洲觀光，所以他就在他的計程車的椅背後面放了商品的型錄。

當時，他放了手錶、皮包的彩色型錄，非常的吸引人，因為在路程當中，總會需要一段時間，他會趁機跟這些顧客聊天，同時請顧客拿出型錄，顧客一看，這個產品非常的物美價廉，就會跟他購買，他的手錶賣得非常好，賣手錶的收入，甚至已經超過開計程車的收入，有一天他靈機一動，他幹嘛不把手錶批發給同樣在開出租車的同學，或同行呢？於是他去批了大量的手錶，印了大量的型錄發給其他的出租車司機，一起來賣手錶跟包包，各位，他就在這四年當中，從一個有去無回的單程機票的窮學生，變成了億萬富翁，在澳洲讀完四年大學之後，衣錦還鄉。

在「富爸爸、窮爸爸」這本書裡面，作者羅伯特・清崎告訴我們一個很重要的財商觀念，這世界上有四種人，分別是E、S、B、I，四個象限、四種賺錢方法。第一個象限E，

叫做Employee，工薪階級，就是上班族、小白這個階級，主要靠勞力或出賣時間賺錢。S象限是誰呢？Self-employed，就是師字輩、專業的人士，自己開事務所當老闆，用技術、技能或專業來賺錢，賺的錢雖然比勞工多，但因為主要收入來源還是「主動收入」，不太能實現財富的自由。第三個象限B，Business Owner，就是所謂的商人、生意人、老闆這樣的級別，這些人自己開公司，透過公司運營或項目經營去賺錢，屬於中產階級或以上，大部分是有錢人；最後一個I，Investor投資者，通過投資或者金融項目在賺錢，是社會上的菁英階級，少數擁有大量財富的掌握者，財富自由、衣食無缺。

世界上大部分的人都是屬於第一種，就是E象限、工薪階級，大概有多少的比例呢？大概有60%的人，都是靠工資、薪資的收入在過日子，其實每一天都是非常的痛苦掙扎，為錢而工作，你會發現，這工作做得很乏味，很無趣，為什麼？因為你去上班是為了要生活，而不是因為你喜歡而去做的；如果你不上班，你就沒錢，這樣子工作做下來一方面很痛苦，一方面賺的錢也少；但是又不敢嘗試去改變，這樣的人生是相當沈重的。工人，或是受薪階級、上班族，透過出賣自己的勞力跟時間賺錢。如果我們今天是在工人、受薪階級，不要氣餒，要想辦法增加或改變收入的來源，怎麼做呢？第一個你可以加班；第二個，你可以多做幾份工作，或者通過學習新技能，提高時間單位的價值；通過專精技術，提高你的勞力產值，這是你可以去做的，不要每一天混過一天，把自己都混到死了。

對收入不滿意，對生活不滿意，那就努力的提升自己的價值，可以通過在職進修或再到學校讀書，學習專業或技術，把自己變成S象限的人，這樣相對來說，你賺的錢會比以前更多，比如說你成為律師、醫師、會計師這些師字輩，甚至是講師、大學的教授等等，這些都是可以提高收入的方法。

再有一種，就是創立自己的事業，成為B象限的老闆。創立自己的事業，是相當的困難，因為必須具備三本：本人、本事、本錢。所以創立自己的事業不是沒有可能，但是你要有充分的準備；如果你沒有充分的準備，不要輕易的創業。成為老板、企業家之後，是通過運營跟管理來賺錢，我們可以找到一堆人來幫我們賺錢，這是改變命運、成功致富的方法。

如果將來你有機會，還可以成為專業的投資家、金融家，進到I象限，這需要更高深的財務技巧，廣闊的人脈與政商關係，特別是你要有紀律，你知道，在投資當中什麼情形可以投錢，什麼情形不可以投錢，你要做很多的調研工作，一點都馬虎不得，一旦進入I象限，賺的是金融資本利得，可獲得的收益是相當可觀的，

我們在賺錢方面的終極目標是什麼呢？你可以找到自己除了薪水以外，其他各式各樣的收入來源，為自己建立一套能創出「被動收入」的賺錢系統，讓一群人去幫你賺錢，或通過投資錢滾錢，而不是老是你自己一個人在賺錢，想成功翻身、成功致富，你一定要改變自己的觀念，光靠打工是不

可能成為有錢人的，你再怎麼樣勤勤懇懇的上班，就算你在公司做的東西已經做得非常好，在公司做到第一名，薪水最高，那又如何呢？也不能成為有錢人。所以你要改變思維，成為有錢人的思維。

五、被改變過的命運

不知道你們是不是也跟我一樣，小時候到處求神問卜，只要聽說那裡可以問事算命，尤其是那種「人家說」特別準或靈驗的地方，一定有我的身影，對於將來自己的命運特別好奇，很想要提早知道，用了各種各樣的方法算了許多的命，紫微斗數、易經八卦、四柱命盤、宮廟問事……等等，其中，我最想知道的，就是將來會不會有錢，能不能過上好日子，但是算完的結果，非常的令人挫折沮喪，可以說是徹底的打擊了我。

因為不算還好，算了之後得到的結果幾乎都是一樣的，「有財無庫」，就是我很會賺錢，但卻沒有倉庫可以把錢裝起來，透過八卦、易經、紫微，甚至連西方的占星等等，最後都得到一個結果：「你這個人，很會賺錢，但是你存不了錢」，從此我就根深蒂固的認為我就是這樣的人，我很會賺錢，但是有財無庫，所以我存不了錢，反正也存不了錢，乾脆亂花錢。

我也不知道是算命算的準，還是我的行為出現錯誤，確實我是很會賺錢，這一路以來我賺了好多好多錢，可是同樣的，我一樣是左手進、右手出，漸漸的印證了算命的結果，我的錢都是留不下來的，我覺得算命很準很準，有一度我以為算命講的話是特別有道理的，把它奉為圭臬，其實回頭想想，真的是非常可笑，是算命算的準嗎？不是的，是我的意識造就行為模式出現問題。

不知道你們有沒有算過命，算命其實是蠻好玩的，我們不是去否定老祖宗的智慧，而是應該知命改運、知命造運，不要毫無消化就全盤的去相信。如果算得好，當然沒問題；要是算得不好，難道一輩子就放棄了嗎？不去拼搏了嗎？人的命運不是天注定的，是可以被改變的，如果你希望命運被改變，如果你覺得命運可以被改變，那我相信，你一定可以改變所謂的「命定」。

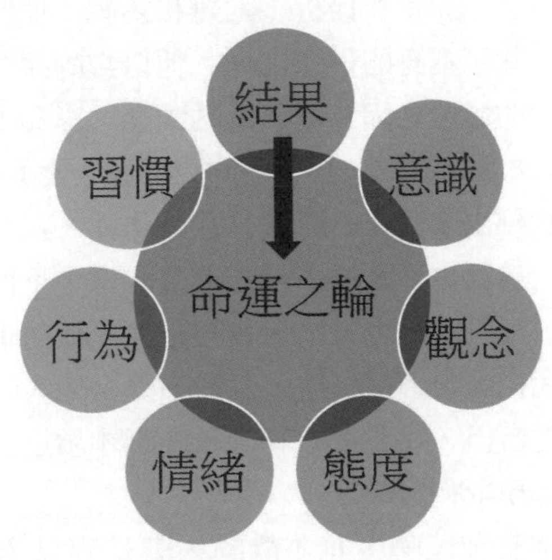

到底命運能不能被改變呢？其實答案是肯定的，西方的心理學家透過行為學的分析，發現人有一些東西，確實會影響到我們的命運，只要透過改變觀念，就可以改變人的命運，具體要怎麼做才能改變命運呢？很簡單，我們來看一下上面這張圖的說明。

一開始，我們的意識會產生一種觀念，這觀念會影響我們的態度、態度會影響情緒，情緒會影響行為、行為形成習慣，習慣會影響結果，結果造就命運；如果我們把觀念改變，態度就會跟著改變，情緒也會改變，行為就會不同，習慣也不一樣，結果接著被扭轉，命運也會大不同，這個循環叫做「命運之輪」。經過很多、很多的驗證，我們發現一般人都不相信有所謂的「命運天注定」的道理，特別是成功人士，他們面對了非常多挫折、困難和挑戰；他們為什麼能夠堅持下來，除了本身的信念之外，他自身的觀念會對他的人生造成很大的影響，因為這些人的觀念，影響了他的態度，啟動了正向的命運循環，最終邁向成功也改變了命運。

記得我剛出來工作的時候，在公司裡，我老是覺得自己特別厲害，講話也不客氣，行為囂張跋扈，不把任何人看在眼裡；我跟主管處的也不好，我討厭他、他討厭我，每天主管都會把我抓去會議室修理，但我不覺得他講的有道理，也從來不檢討自己，我非常的痛苦，上班才領這麼一點點錢，為什麼要為五斗米折腰？

我經常有種感嘆，有才能的人就是容易招來嫉妒，他們因為妒忌我，才故意為難我，為什麼會有這種觀念呢？因為我覺得我比別人還行，我比別人還厲害，我憑什麼要聽你的，這造就了我和別人的疏離感，而且別人覺得我很難相處。

可是，我並沒有洞察到我這一切的行為和觀念的偏差，甚至我的行為模式影響到我的習慣、動作、言語舉止。我跟人相處的時候，會習慣挑戰、揶揄、嘲笑對方；這些事件產生很嚴重的後果，周圍的人漸漸的疏離我，有些話他們不願意跟我說，也不喜歡跟我在一起，但是我老是沒有自覺。你可以想像，一個人如果沒有人緣，他的財運肯定是不好的，因為有好消息人家也不會跟你說啊！做人失敗是不可能賺到錢的，當時我不明白這樣的道理，我總是在怪老天爺、怪命運，甚至認為那些算命說的非常非常的準啊。

老實說，我一直覺得我的運氣非常差，做什麼，賠什麼，別人賺錢，我就賠錢，別人好運，我就倒楣。而且我經常有很神奇的第六感，覺得今天可能會倒楣，當我這樣想的時候，果不其然，我可能出門之後踩到狗屎，或者開著車莫名其妙就被撞了，或者進公司就被上司責罵、被主管抓去修理一番；每次都猜得非常準，但是準的都是壞事而不是好事，各種各樣的倒楣事都朝我鋪天蓋地而來。我不了解其實這一切都在我的起心動念之中，都在我的觀念當中。

我人生的巔峰是在40歲的時候，自己開了公司，那一年我賺了上千萬，可是好景不長，兩年後公司倒閉，我從千萬富翁，變成千萬負翁，原來開著保時捷豪車、住著豪宅，一夕之間歸零，淨身出戶，什麼都沒有了，這一來一回間，我從天堂掉到了地獄，當時我特別怨天尤人，我不明白為什麼老天爺對我這麼苛刻？為什麼對我這麼不好？所有的倒霉的事都降臨在我身上，直到有一天，我開始有了信仰。

在這邊特別聲明，我不是提倡迷信，不是叫大家一定要去信這個、信那個，我們不是在宣講宗教，但是，有信仰，對大家確實是一個蠻不錯的選擇。我發現當我有了信仰之後，我所接觸到的人好像特別快樂，做事業特別成功，我再認真的仔細去看看我周遭的朋友，包括社會上的成功人士、名人，我發現他們很多人都有信仰，不管是信仰西方的、或者東方的宗教，大部分成功人都有信仰。

世界上所有正派的宗教，都是勸人向善的，就是叫人做好事、做善事，我們可以知道，當你的起心動念一改變，也就是觀念改變，過去所有的想法都是不好的，現在你改變了，所有的想法都是好的，以善為出發點、以愛為宗旨，接下來事情就會不一樣。當我開始有了信仰之後，我發現有件事情潛移默化的在我身上慢慢的改變，其實我沒有感覺到，而是周遭的人告訴我，我的眼神變得柔和了，講話變得比較不那麼尖銳了，不會去挑他們的毛病，也不會老是愛比較、揶揄、嘲諷別人，我感覺我好像沒有這麼大的改變，但是周圍的人慢慢的都靠近我了。

命運真的很神奇，老天爺總是喜歡捉弄人，當我開始有了信仰，改變信念之後，我發現我的運氣開始變好，非常的神奇。在我口袋沒錢的時候，總是有人會約我出去要請我吃飯，當我走投無路急需用錢的時候，總是有人會及時幫助我，我一開口，彷彿錢就是準備好給我一樣；我特別的感謝老天爺對我的眷顧。從那之後，我開始不怨天尤人，我存著感謝和報恩的心情戰戰兢兢地面對每一天，後來我才發現，除了我的行為思想改變之外，我也開始總結過去失敗的經驗；為什麼我的公司會倒閉呢？很重要的就是，我的金錢觀念是錯誤的。

這個錯誤的金錢觀念是什麼呢？過去我們笑貧不笑娼，誰管你的錢是怎麼來的，只要你是貧窮的，走在路上所有人都會瞧不起你，連狗都會衝過來咬你一口，可是只要你有錢，不論錢是怎麼來的，沒有人會去管你以前幹過什麼事情，好事、壞事都沒有人去管，大家只看你表面風光。我也就犯了這個邏輯上的錯誤，認為只要有錢什麼都好說，所以我全心全意的只想賺錢，我的思想被扭曲了，我的靈魂跟魔鬼做了交換，所以我是為了賺錢而賺錢，而不是為了我喜歡做的事、我該做的事而賺錢，當這個起心動念一出錯，結果當然就會出錯。

每天我的眼睛睜開，就想著賺錢了，所以那時候的我，把自己的親子關係、夫妻關係、親戚關係、朋友關係都處得非常緊張，為什麼呢？因為我的眼裡只有錢，沒有人性、沒有愛，這樣的人在世界上怎麼可能生存下去呢？所以，當所有人都慢慢離開我的時候，只有我一個人還在熱衷於金錢遊戲，我還洋洋得意的說我賺了好多好多錢。然後回過頭，我不懂為什麼這些人不能理解我？我這麼努力辛苦賺錢到底是為了誰？我是為了賺錢給你們花，你們怎麼都不支持我、不能諒解我、不能愛我、不能體諒我呢？結果我陷入了痛苦的迷失和循環，我為什麼要賺錢？接著開始產生各式各樣奇奇怪怪的念頭。

這些東西不停的在我腦袋裡糾結纏繞，直到有一天，老天爺終於忍不住了，把我的東西都收光光，讓我的公司經營不下去而倒閉，讓我從賺了千萬變成負債千萬，讓我從天堂跌落地獄，讓我徹底的反思一件事，我們這輩子賺的錢，不是為了自己。其實老天之所以會讓我們賺這些錢，一部分是給我們的，但是一部分，是拿來給我們的家人，甚至是讓我們回饋社會的，所以有很多很多成功的企業家、成功人士賺了很多錢，卻不是往自己口袋裡裝，他們拿出很多的錢來回饋社會，來做公益、行善，像是股神巴菲特，他就捐了80%的財富出來做公益。

當然不只巴菲特，還有我們熟悉的比爾蓋茲、馬雲、馬化騰，和很多的藝人都在社會公益上出錢出力，這些人都把賺到的錢用來回饋社會。所以我們發現，你越捐，你就會越富有，你的心越善，你就會得到越多，這是亙久不變的道理。所以我開始明白，人的命運能不能被改變呢？我認為是可以的。因為我從自己身上得到證明，我的命運已經被改變了。因為我的信念開始改變，我開始真正想去做件事情，而不是只為了賺錢，這才開始改變我的命運，更影響我的財富累積。

有一天，馬雲在電視上說，他做事從來不是為了錢，我相信他講的話是真的，因為他確實是不缺錢的，他從來不用去看他的存摺有多少錢，他是為了喜歡做這件事而去做，是懷抱著很大的使命、願景、理想，而去做的。回頭想想，我們作為上班族，為什麼我們的生命缺乏動力？為什麼老是缺乏財富，沒有辦法像他們這麼成功呢？其實很簡單的道理，如果你賺的錢只是給自己花的，老天爺會覺得，你現在這些錢就足夠了，但如果你今天發願想要讓自己過得更好，同時能夠讓社會上的其他人都過得更好，那麼老天爺也會來幫助你，讓你賺更多的錢去回饋和造福社會，所以，我們賺的錢不是全部給自己花的，各位親愛的朋友，明白嗎？

你賺到的錢不是全部屬於你的，當各位能夠明白這句話的時候，相信接下來，你將會成為有錢人，不管你有錢與否，你會成為最富有的人，為什麼呢？因為錢對你來說，就只是個符號、就是個數字了，你會明白錢真正的價值和意義。財富真正的價值和意義，不是讓人揮霍無度，不是讓人奢侈、享受、浪費，是讓我們能夠過上有品質的生活，同時能夠幫助到更多的人，幫助到他們的觀念、行為、家庭，幫助他們改變，讓他們也過上好的、有品質的生活，走向善的循環。

佛陀說：「諸惡莫作，眾善奉行，自淨其意。」

不管各位有沒有宗教信仰，讓我們用哲學的角度來參考佛陀說的這句話，壞事我們不要去做，好事我們全力去推行，而且我們還要把心意端正了，不要有一些奇奇怪怪、邪惡的、不好的思想，例如老是要害人，從別人身上奪取任何的好處跟利益等等，這樣，你才能建立正確的價值觀，得到正當的金錢跟財富。

所以，我們接下來的人生最主要有三件事要做，「能做的」、「想做的」、和「要做的」，很多人為什麼活的很無奈呢？因為被生活所逼，你就必須做「要做的事情」，什麼是要做的事情呢？例如，我必須要上班，因為沒有上班就沒有工資，沒有工資就沒有所得，沒有所得就沒有食物，我供不起房子，供不起車子，我活不下去，我沒有辦法照顧好家人，這些就是「要做的事」，很多人上班非常的煎熬，為什麼非常煎熬？因為老闆非常的爛，公司非常的爛，上司非常的爛，同事非常的爛，種種的爛事都在自己身上。而這爛事，就是你要做的事，所以你活得非常非常痛苦。

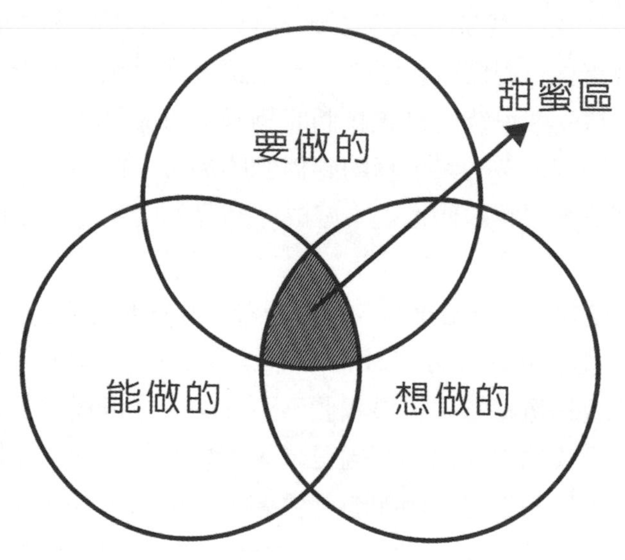

馬雲曾經分享過，想要成功，該怎麼做？他說，隨著年紀增長，我們要試著去控制自己的情緒。剛者易折，剛的人容易折損；柔則長存，柔比較能夠適應。我們控制自己的情緒，慢慢的去學習，去做自己不喜歡做的事，而不是只做自己喜歡的事，那麼你的人生就會開始不一樣了。你要跟不喜歡的事情、不喜歡的人去妥協，然後改變自己，而不是讓自己不停的去跟他們對抗。當你站在對立面的時候，最後永遠是自己得不到好的下場，受傷的永遠還是自己，所以我們要開始學會，除了要做的事之外，我們還要去做一些我們過去不喜歡做的事情。

美國知名的脫口秀主持人歐普拉，她也說過一句話：「在能做自己想做的事之前，先做你得做的事情。」什麼意思呢？就是前面我們分享的人生三件事。第一件事，是要做的事；第二個是能做的事；第三是想做的事。很多人都把順序搞錯了，只做自己想做的事，而不去考慮要做的事，和能不能做這件事；於是徹底發生一些錯誤和迷失，導致悲劇不停的發生，失敗的案例比比皆是，原因是什麼？首先，你要去面對自己，在做自己願意想做的事情之前，先把自己要做的事情做好。

通常，要做的事都不是我們願意做的，都是被逼著去做的、討厭的事情。所以你看馬雲也好，歐普拉也好，這些非常成功的人告訴我們，他們都是誠懇的面對自己，然後用總結出來的經驗告訴自己，一定要去做自己不喜歡的事、不擅長的事、不想做的事。所以，所有的上班族、小資族朋友們，一定要把這句話聽進去，你一定要開始學習改變你的行為模式，去做你過去不喜歡做的事情。這些不喜歡做的事情不是指害人的事情，各位記得佛陀說的「諸惡莫作，眾善奉行」，我們要做的是好的事。

當我們人生中，把要做的事情，和想做的事情，以及能做的事情，這三件事情分別畫上圓圈交疊在一起，在中間會出現一個區域，這個區域就叫做「甜蜜區」。甜蜜區是什麼呢？就是這件事情既是你要做的，同時也是你想做的，又是你能夠做的，那這件事就特別特別的讓人喜歡，而且做起來得心應手、駕輕就熟，做完後會特別開心。當你能夠找到生命中既是要做，又是想做，又是能做的事的交集區域時，那麼恭喜你，你找到了你的終極財富藍圖！

接下來，你只要全心全意的專注在這個點上，把要做的事做好，把想做的事情做好，把能做的事情做好；這三件事同時做好，相信我，你會得到豐富的回報。這豐富的回報，不只是財富上的回報，而且是心靈上的回報，你會感覺非常的快樂；當你感覺快樂的時候，你就感覺自在；你越快樂、越自在，你賺的錢就會越多，你會發現錢越來越容易賺。你現在之所以賺不到錢，是因為你要做的事、你想做的事，和你能做的事，可能都沒有交集，這三個圓圈已經各自分開了，所以你會覺得很痛苦，如果你想成功、想致富、想成為有錢人，那麼你要試著讓你的三個圓圈疊在一起。如果最後這三個圓圈能夠完全疊在一起，成了一個圈，你一定是世界上最成功的人之一，被改變的命運，從你什麼時候願意改變觀念開始。

六、陽光下的自在

「陽光下的自在」這個故事，最主要就是要告訴各位，如何去找準錢脈，讓我們的收入倍增。找準錢脈的關鍵，有兩個部分，一個就是脫離舒適圈，一個就是改變你的圈子，這兩個概念非常的重要，如果你想賺錢的話，那你一定要明白富人的思維，怎麼樣才能夠明白富人的思維？那當然就是要改變圈子，然後進到他們的圈子裡。

我們都知道所處的環境，對一個人的影響非常重大，孟子的媽媽—孟母，她是靠織布為生的，為了讓孟子有更好的環境，更好的圈子，「孟母三遷」，孟子很小的時候父親就過世了，孟母靠織布維生養活孟子，一開始他們住菜市場旁邊，孟子每天看人家怎麼賣菜，回到家就依樣畫葫蘆，擺攤叫賣，白菜十塊、青菜十塊、豬肉大降價……等等，孟母一看這樣不行，趕快搬家，搬到了墳墓旁邊，本想總算是可以安靜了，死人不會吵的，結果誰知道，孟子就學着那些殯葬的隊伍，每天道士做法叮叮鏘鏘、一路走好往生極樂世界……，孟母想這個地方也不行，趕快搬到學校旁邊，孟子玩回來就「子曰、子曰……」，孟母發現環境終於對了，因為「孟母的三遷」，孟子成為中國歷史上的亞聖。

美國斯坦福大學教授馬克格蘭福特（Mark Granovetter），指出社交圈之間人與人的聯繫關係，基本上分成兩種，一種叫做強關係，一種叫做弱聯繫，強關係是什麼？就是我們的親朋好友、我們的家人、我們的同學、我們的鄰居，這些人基本上就是跟我們在生命當中比較密切的，通常具有血緣關係的人，或者是地緣、親緣關係的人；另外一種就是弱聯繫，可能就是知道這個人或聽過，但不是很熟悉，甚至是陌生人，但是通過某一些社團、圈子、社群的關係把它聯繫起來的這就叫弱聯繫。

各位來猜猜看，我們生命當中到底是強關係對我們的事業財富幫助比較大，還是弱聯繫對我們的事業財富幫助比較大？答案是什麼？經過這位大學教授馬克格蘭福特的研究發現一件事，大部分平凡的人都是運用強關係，簡單來說就是通過我們認識的人脈去找到工作，之後就安安穩穩的過一輩子；但是成功致富的人士比較不同，他們非常會運用所謂的弱聯繫，也就是我們所謂的經營人脈、換圈子擴大自己的影響力等等，所以如果一個人要成功，首先你就要跨出自己的那一步，走出自己的圈圈，除了自己的強關係之外，你開始要跟所有的弱聯繫產生關係。

講到這裡，我想大家可能有同樣的一個問題，就是回到家後，沒有跟別人來往；基本上，也很少去從事什麼樣的社交活動；或者就算有，那也都是所謂的垃圾交際、沒有意義的交際；我們基本上很少去進到一個比較有營養的圈子，但我們知道圈子對人的影響是非常大的，會影響我們這一輩子的成就、財富，你所交往的朋友、你所混的圈子，決定了你的未來，所以上班族大部分為什麼賺不到錢？小白為什麼沒有錢？因為你沒有在混圈子或者你混的圈子是不對的。

有很多人跑來跟我說，其實自己也想改變圈子，也想去多認識一些有錢人，也想參加商會，問題是不得其門而入，而且進到裡面，覺得關係不對等，自己跟他們無法交往，也沒有辦法給到他們想要的東西，有時覺得在社交場合特別的不自在，那裡感覺不適合我等等；我不知道你有沒有同樣的想法，包括過去我也是持相同的看法，我覺得不喜歡跟這些人來往，事實上我們喜歡跟自己熟悉的人混在一起。比如說我習慣跟同事、朋友混在一起，可是如果你要成功的話，你就要強迫自己改變，去跟那些所謂的成功人士、優秀的人、企業家、你的上司、你的老闆，互相來往、多多交流，你才有機會更成功。

普通人在弱聯繫的關係圈中，一開始會非常的不自在、不舒服，用舒適圈的概念來看，就會很容易理解，經營人際網絡的方法，不是我們要從對方身上取得什麼樣的經濟利益或好處，而是要從他們身上學習到一種想法，這種想法叫做富人思維、有錢人的思維或者成功者的腦袋，經常跟這些人在一起，無形當中會被潛移默化，受到他們的觀念思想引導，進而改變行為模式，這樣就會從小白思維變成老板思維，從上班的思維變成企業家的思維。

在中國有一個頂級的富豪商會叫做「華夏同學會」，那裡面有誰？我簡單地講幾個人，馬雲（阿里巴巴）、馬化騰（騰訊）、李彥宏（百度）、劉永好（四川新希望）、王健林（萬達）、牛根生（蒙牛）、柳傳志（聯想）、俞敏洪（新東方教育）、江南春（分眾傳媒）等等，各位想象一下，如果今天我們也在華夏同學會裡面，在財富的積累方面、社會上的影響力、經營成就等，肯定會不同凡響，不過，這些人並不是進了這個同學會才具備這樣的影響力，而是在這之前他們就開始有意識地開始去經營自己的人脈跟人際圈，同時進到這個圈圈之後，互相交互影響並擴大彼此的影響力。

我到35歲的時候，忽然才意識到，過去所交往、互動的朋友大部分是錯的，我總喜歡跟那些比我更弱勢、能力比我差的人在一起，我並不是瞧不起沒有成就、沒有錢的人，也不是瞧不起上班族，只是物以類聚、人以群分，喜歡抽煙的，就會有煙友，聊的多是八卦；喜歡打牌，就會有牌友，話題離不開牌局；喜歡看電視，混在一起的都是劇迷，見面的話題離不開追劇，大家有沒有發現，我們的人際關係圈，通通沒有談到怎麼去學習、怎麼成長、怎麼改變、怎麼發展、怎麼充實、怎麼賺錢、怎麼讓人生更成功、更美好。那一年，我很幸運的遇到了幾位成功的企業家，他們開闊我的視野，帶我進到他們的圈圈，我並沒有意識到，這些人會給我什麼樣的啟發或改變，不知不覺中，我的思維、習慣、觀念還有行為模式，漸漸的起了變化，對於處理事情的態度，對事件的解讀，社會關係的圓融，面對危機挑戰的應變，有了全新的視野。

有一年中秋節，一個朋友很熱情地邀請我們到島上過節，那年月亮特別的圓，秋高氣爽、氣候宜人，朋友是一個非常成功的企業家，產業涵蓋許多板塊，主業是建設公司的老板，事業做的非常成功，為人特別的誠懇又低調，一點都看不出來，他是一個大集團的老闆，我們跟着他去老家玩，一開始以為他的老家是破破爛爛的鄉下地方，結果去了之後眼界大開。中秋節的前一天，就是農曆的8月14號，我們上了他的遊艇，外表看起來並沒有特別的豪華，進到裡面就是一個雙層的遊艇，全部都是用實木裝潢、真皮家具，感覺特別溫馨，還有一間臥室是可以完全躺下來的，套房的臥室裡面還有洗浴設施，它是上下兩層的，下層還有一個大大的客廳，裡面有酒吧，可以喝酒、唱歌，還可以看電視，上層是一個透風的甲板，可以在外面吹海風看風景。

坐進遊艇吃吃喝喝，他讓他兩個小美女助理準備了非常多的水果零食飲料還有下酒菜，當下也開了幾瓶紅酒來喝，那些紅酒，都是特別收藏的好酒，年分非常的久遠，而且喝起來很特別，不像我們在市面上買的其他紅酒，喝起來都是酒精的味道，每年，這些紅酒都是直接從法國法定產區酒莊裡面，限量版一箱一箱搬的，一年大概一個酒莊只能搬五箱回來，他就開了一瓶好像是1973年的酒給我們喝，好喝到現在我都還記得那個紅酒的味道，一輩子沒喝過這麼好喝的紅酒。

遊艇航行快40分鐘的時間，很快的就到達他的小島，島很特殊，我問他這個島是誰的？他告訴我這個島是他們三、四個人合夥把它買下來，當時買小島，本來是要開發別墅跟渡假中心的，後來發現島上，有好多原生態的東西，還有就是當地的一些准證、批文、環評種種原因耽擱，所以一直沒有去開發這個島，他們自己把這個島稍微整理了一下，平常會帶一些朋友上島來度假，這個島上真的是非常奇特，非常舒服，基本上沒有住民，只有一些漁民平常打漁的時候來這裡休息。

這些漁民很久以前，就把這個島當作一個中繼站跟補給站，所以當時他們買下島的時候，也跟漁民和平的共處，沒有把漁民趕走，漁民在島上簡單的搭了一些屋子，然後自己種一些菜，島上也有淡水。島大概有多大呢？說大不大，說小也不小，他跟我們說，如果走路走一圈，大概在40至45分鐘左右，這個島因為沒有建照，原則上是不能蓋房子的，所以他們就搭了組合式的木屋，既符合環保，又能休憩。

船靠岸之後，首先映入眼簾的就是碼頭，其實說是碼頭倒不如說是一個石灘，那上面浮著一個棧板，我們就走在那個棧板上面，上了島去，之後大概走約五分鐘的時間，看到了六棟獨棟小木屋，屋子裡面有兩層樓，各有三間的房間，裡面全部都是實木、原木的木頭香味。

大家安頓好後，開始問我這個朋友楊總，接下來我們在這個島上有什麼計劃？因為我們上班上久了的人，習慣要有計劃的，然後楊總就笑笑的看着我們說，小兄弟好好放鬆吧，接下來我們是沒有計劃的，我覺得特別納悶，盛情邀請我們來島上玩，怎麼沒有安排什麼捕魚捉蝦、潛水浮潛、沙灘競走等等，這些活動遊戲。當下我是沒有反應過來的，我覺得生命當中應該要有計劃，根據目標來行動，結果楊總叫我們各自休息，想去海邊的去海邊，想睡覺的睡覺，想泡茶的泡茶，想幹嘛就幹嘛，真是特別的隨性，根本沒有章程，反正就是整個庸閒懶散的狀態，實在著實無聊，我想拿手機出來滑，看看訊息、打打遊戲，結果手機完全沒有信號，在島上是無法跟外界聯繫的。手機用不了，一開始覺得很彆扭，一段時間沒有看微信、line、FB、社群軟體什麼的，萬一有人找怎麼辦？慢慢的，因為真的是沒有辦法跟外界聯繫，心想乾脆就算了，漸漸的，還真的習慣了放下手機的狀態。

到晚上，我們開始在月光下弄起了營火晚會，吃吃喝喝、開心的燒烤，看着天上的月亮又大又圓，沒有光害的月亮，好像離我們特別的近，看着月亮從海面上升起，光灑在無垠的大海上，這感覺一輩子都很難忘記，大家開心的聊著天，敞開心房的交流，這時候我發現我們在事業面、思維上，跟楊總真的有很大的落差，楊總大概有十幾億的身價，而我只是一個平凡的上班族，毫無身價可言，頂多也不過就是一個外商公司的經理，再平凡不過。

1、有錢人為自己的人生負責，窮人認為自己是受害者
2、有錢人專注于機會，窮人專注于障礙
3、有錢人與積極的成功人士交往，窮人與消極的人或不成功的人交往
4、有錢人樂於宣傳自己和自己的價值觀，窮人討厭推銷
5、有錢人根據結果拿酬勞，窮人根據時間拿酬勞
6、有錢人專注於自己的淨值，窮人專注于薪水
7、有錢人讓錢幫他們工作，窮人辛苦工作換錢
8、有錢人持續學習成長，窮人認為他們已經知道一切

楊總對我們述說的這些，就是有錢人跟沒有錢的人，成功的人跟平凡的人，老闆跟上班族思想上的最主要的差異。

非常懷念當時的那一個中秋假期，楊總講的話，對我接下來生命的轉折幫助非常大，徹底改變了我的窮人思維，富人之所以成為有錢人，他們的想法一定是跟我們不一樣的，他們沒有比我們聰明，但想法一定是跟我們不同。我知道人要做出改變是非常困難的，因為心理學上有一種效應，叫做舒適圈效應，人們習慣做自己熟悉的事情，做自己喜歡做的事情，跟自己喜歡熟悉的人混在一起，待在自己熟悉而且感覺安全的領域，一旦改變了，就會覺得痛苦，一旦有痛苦，

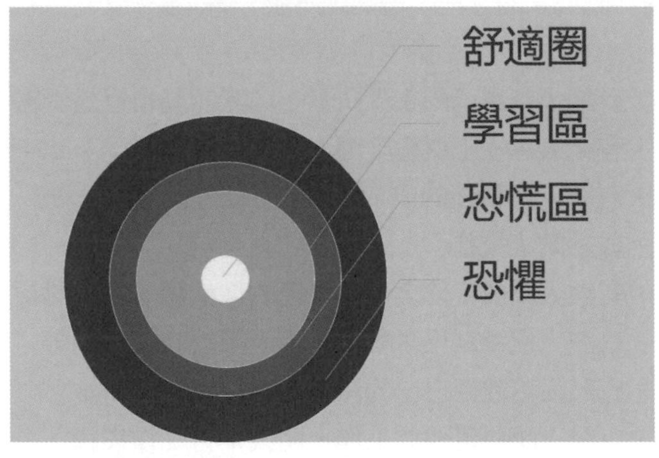

就會退縮回舒適圈，所以我們這一輩子，能不能有成就，在於你能不能不停的擴大、甚至打破你的舒適圈。西方的心理學家發現，大概有90%比例的普通人，喜歡待在舒適圈裡面，習慣在舒適圈中的人，比較容易出現懶散、懶惰、不敢面對問題、不敢接受挑戰、不敢突破困境、安於現狀，沒有勇氣等等的負面狀況。

我們把舒適圈剖析來看，在舒適圈的外圍，是用恐懼來包覆的，在恐懼跟舒適圈的中間，有一塊是我們可以去擴張的，這一塊叫作學習區，只要經過我們努力的學習，例如學會一門技能或技術，或者熟悉某種專業，我們就可以把我們的舒適圈，往外再擴張一圈，學習圈再往外走，就是恐慌區，在恐慌區中，存在著我們不想學或排斥的東西，想要成功的人、想要致富的人、想要翻身的人，一定要改變自己，克服恐懼。

七、升等的頭等艙

大概在20年前，當時我只是一個普通職員，遇到要出差的時候，公司規定只能坐經濟艙，有一次跟著長官一起出差，我的座位是經濟艙，長官坐的是商務艙，本來也沒有過多的期待，結果在報到Check-in的時候，長官用他的貴賓卡哩程幫我升等艙位，大家都知道，商務艙的乘客有很多禮遇，例如，優先報到、行李優先托運、貴賓室候機、優先登機、機上餐點升等、座位寬敞……等。一般職員有機會因公出國坐飛機，已經是不錯的待遇了，可是沒想到在那一次出差，領導用他的VIP卡帶著我到貴賓報到櫃檯，不用排隊直接報到、直接掛行李，這種感覺真的是難以言喻，覺得特別舒服，有錢的感覺真好。除了不用排隊，可以優先報到拿登機證、掛行李之外，後面還有很多的福利跟待遇，這都是超越我的想像。首先我們進到機場的時候，有一個優先通道，是專門給這些貴賓來走的，我以前也沒走過這條道，我看到這條道都害怕，不敢過去排隊，明明別的道排滿了人，就那條道沒有人，我也不敢過去，因為我是經濟艙的乘客，沒有資格去走那條道，那一天第一次不用在擁擠的人群中通關，真的是受寵若驚，心裡特別不踏實，接著本來應該去冰冰冷冷的候機大廳，結果長官帶著我去貴賓室，是我第一次進去貴賓室候機。

經常坐飛機的人都知道，過海關報到通關後，在登機門前，有一排一排的座位，是給準備登機旅客等待的候機室，一般人在飛機起飛前，要想辦法在硬梆梆的鐵椅子上，打發1～2小時的時間，沒進過貴賓候機室的人，包括我在內，是完全不知道貴賓室裡面到底有什麼的，人生第一次進到貴賓室，彷彿有種錯覺，這地方不是機場，是五星級酒店的Lounge Bar，裡面有廚師現做的鐵板燒、現煎的牛排，各式各樣的熱食、麵食、水果、飲料、酒水、零食隨便取用，報紙、雜誌、書籍、商務辦公區，還有可以洗澡的盥洗室、可以睡覺的太空艙，WiFi網路，可以上網的電腦，登機廣播提醒……。

上了飛機之後，又再一次顛覆我的三觀，因為以前早就習慣坐狹窄的經濟艙，連腿腳都伸不直，如果倒楣的話，旁邊坐了一個胖子，或者剛好分配到中間那個位置，亦或者兩邊都是壯壯的男生，可想而知，這一路以來的飛行肯定很難受。商務艙就不一樣，座位特別寬敞，一上飛機，空姐就端茶送酒、送零食，還可以換拖鞋，餐點有前菜、主食、甜點，結束後還有紅酒、果汁，想睡覺的話，椅子還可以完全躺平，對比經濟艙的座位及餐食，簡直天差地別，在1萬英尺的高空，本來的活受罪，變成真享受，有錢真好。在飛機上的時間過得非常、非常的快，我記得那一趟旅程總共飛了五個小時，坐到目的地還意猶未盡，捨不得下飛機，第一次體驗到非常舒服、非常愜意的空中之旅，下了飛機之後，大家去擠Shuttle Bus，我們是坐小轎車到機場海關，在海關前一堆人排著長隊，我們走VIP快速禮遇通道優先通關，還沒走到行李轉盤，行李已經出現在眼前，升等的商務艙，這才是

「人」應該有的待遇，忽然之間有一種感慨，窮不可怕、可怕的是窮的人是我，貧窮真的限制了想像，現實會限縮心中的渴望。

從那件事情之後，彷彿在我的內心找到了一股強大的成功欲望，我回來之後，特別努力工作，別人不加班我願意加班，別人不願意做的事情，我第一個跳出來做，前後態度上的轉變非常的大，因為這些物質的鼓舞，即便成為有錢人是個膚淺的想法，但是我覺得我們也要找到心中想要成功致富的動力，你到底為什麼想要成功？為什麼想要致富？為什麼想要翻身？難道不是為了過得比別人更好嗎？過得比別人更好是沒有問題的，是完全沒有罪的。

過去我發現，自己心裡面很不平衡是為什麼？我老是會出現一種叫做酸葡萄心理，因為吃不到就嫌葡萄酸，我自己過不上好日子，別人過好日子我就看他不順眼，我心裡面有時會想，有點錢就了不起嗎？其實這些想法是徹底的錯誤。有錢真的感覺非常好，而我們要去尊重理解這些有錢人，如果他的錢是正當得來的，不是非法取得的，那他有一點錢，過上好日子有什麼問題呢？如果我們也有一點錢，也過上好日子，別人也不會用有色的眼光來看待我們，所以我們要找到內心一個強大的動力，從現在開始讓你自己找到一個理由說服自己，我要變成有錢人。我發現很多的上班族，特別是我們的女性同胞，個性比較木訥保守的，男性同胞對自己沒信心的，很多人對成功的看法，不是害怕失敗，而是害怕成功，認為這一輩子平凡就好，得不到就甘於平凡，其實平凡就是貧乏。這種現象叫做「約拿情結」，約拿情結是著名的心理學家馬斯洛所提出的一個心理學專有名詞，什麼叫約拿情結呢？就是當一個人在心理上不管是面對失敗或成功的時候，他不僅害怕失敗，同時也害怕成功，這樣一個非常矛盾的心理就叫約拿情結。

這種約拿情結其實很多人都有，可能百分之八、九十的上班族都存在這種約拿情結，舉例，老闆忽然召集大家開會，然後給了一個很重要的任務，問在座有沒有人願意自告奮勇地把這個案子接下來，如果這個案子成功了，馬上加薪10萬塊等等，這個時候我們就會發現，大家可能會你看我、我看你，面面相覷，如果你也在現場，那你會不會有勇氣跳出來承接這個任務呢？這個挑戰非常的艱巨，但是做成功的話報酬非常豐厚，不只升官還加薪，機會來了，你會是那個抓住它的人嗎？我相信一部分人的心態會是，少做少錯，不做不錯，爬得越高就會摔得越重，能閃就閃；其實我們的內心還有一個聲音，就是想追求卓越，想出人頭地，想證明給別人看、想得到掌聲。人會一方面害怕成功，一方面又害怕失敗，這是約拿情結作祟。

如何擺脫「約拿情結」走出困境呢？

1、正視、接受、改變

2、緩慢而堅定地前進

具體我們要怎麼擺脫約拿情結，走出困境呢？方法非常的容易，第一個就是正視自己的內心，真誠的去面對它，然後接受它，改變我們自己心裡面的這種既想成功，又害怕失敗的矛盾情緒；第二個方法就是緩慢而堅定地前進，這是什麼意思呢？就是通過小小的成就慢慢積累，積沙成塔，從小成功累積成大成功，慢慢建立自己的自信心，我們沒有辦法一下子就取得非常大的成功或非常大的財富，沒有關係，只要我們往正確的方向在移動，那麼我們通過緩慢但堅定的步調持續前進，也是可以取得成功的。

除了強大自己的內心外，想成功致富還有一個重要的概念要學習，這個概念叫現金流，現金流就像我們人體的血液一樣，如果人的血液不流動或不健康，人一定立馬暴斃或生病，同樣的道理，在我們理財或經營事業的過程中，現金流是成功的關鍵，有許多創業的人創業失敗，50%以上的原因就是因為現金流斷鏈。有一句話說：「小富由儉、中富由智、大富由天」，事實上我要告訴各位，所有天底下的有錢人都不是靠省錢省出來的，這個世界上，不是東西太貴，而是我們賺的錢太少。在沒錢的時候你要想辦法賺錢，在有錢的時候你要想辦法省錢，可是大部分的人都是在沒錢的時候省錢，有錢的時候拼命花錢，結果這兩個方向一來一往，導致沒錢的更沒錢，有錢的一夕之間變成了貧窮戶，這些問題就是沒有管理好現金流，這個觀念在這裡一定要把它扭轉過來。

大家千萬不要誤會，這樣在沒錢的階段，是不是就不用省錢、不用存錢了，如果有這樣的想法，絕對是錯誤的，事實上在你沒錢的日子當中，比如說一個月只賺2萬塊，那我怎麼省也就省個1～2千元，其實是沒什麼意義的，沒意義還要省錢嗎？當然要省錢！因為你要把省下來的錢拿來投資你的未來，投資你的腦袋，用省下來的錢去學習新的知識、觀念、技巧、技能、專業，去結交優質的朋友，改變自己的生活圈，假以時日，就不會再是吳下阿蒙。

另一方面，很多人平常沒錢慣了，如果忽然間變有錢了，一下子來了太多的錢，很容易把持不住，揮霍無度的把它花光，用幸運得到的錢，會靠實力把它花光，這個我深有體驗，有一次銀行來找我，說要借我錢，我當下毫不考慮就借了200萬，我也不知道借這些錢幹嘛，所以我就開始揮霍無度，到處請人吃飯、喝酒、唱歌，然後只要有人告訴有投資的項目，我就瘋狂盲目的投錢，在短短不到半年的時間，我重新再檢視我自己的帳戶，居然只剩下不到50萬，實在是太恐怖了，所以我發現有錢跟沒錢都是個問題，沒錢的問題是沒有辦法過上好日子，有錢的問題是你不知道怎麼樣好好管理你的金錢。

下面這一張圖表，是描述現金流的圖，從現金流流向，可以看出四種管理金錢的方式，第一種是窮人、一般的上班族，靠著微薄的工薪收入，收入一進來就變成支出，花在哪裡呢？大部分就是租房子、吃東西、買衣服這些最基本的食衣住行育樂，舉例來說，一個月賺3萬塊的收入，光吃飯可

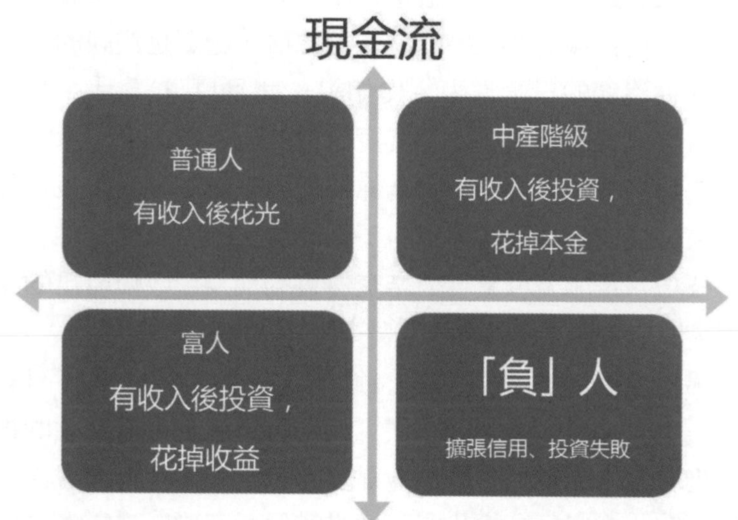

能就吃掉1萬、租房又1萬、交通費用5千、娛樂享受5千，賺3萬、花3萬，因此，窮人之所以窮，是因為左手進、右手出，馬上就把它花光光。

第二種，中產階級現金流，中產階級的收入除了工資之外，還有可能自己經營小公司，做點小生意，甚至兼差做微商、做直銷、做保險，因為有業外收入、人生斜槓，所以有多元管道的收益，這也是他跟窮人比較不同的地方，比較容易累積財富，成為中產階級。有房、有車，大家理所當然的認為，這些中產階級已經是有錢人，其實不是的，因為當他們收了一筆錢進來之後，這些錢要先拿去付房貸、付車貸，付完之後有剩餘，還要去應付生活開銷。

第三種是左下角富人的現金流，富人的現金流跟我們有什麼不同？富人的現金流就是當他有收入之後，他不會直接花掉而是拿去投資，投資什麼呢？投資股票、債券、房地產、項目、生意，通過投資所獲取的收益跟報酬，再把它變成每一個月該用的支出，而不是直接花掉他們的收入，簡單的說就是用金雞母下的蛋來花錢，而不是直接把金雞母宰了吃。

第四種是右下角，發財夢變惡夢，很多人在追求財富的過程中，不但沒有發財反而變成負債，原因是什麼呢？就是過度的擴張信用、過度的投資或投資失敗，因為投資回報沒有辦法去支持固定的開銷，導致入不敷出，加上借的錢越來越多，欠的錢也越來越多，這就是美夢變惡夢的開端。以上四種現金流的模式，分別是普通人、中產階級、富人以及「負」人，請大家不妨也畫一下自己的現金流流向，剖析自己是屬於哪種人。

改變現金流的方向，讓小錢變大錢，讓你的錢去滾出更多的錢，學習富人管理金錢的技巧，好好的學習投資理財，做好資產配置，慢慢累積金錢跟財富，積沙成塔、積少成多，總有一天，一定能達到財富自由，實現自我。

八、忽然發現的存摺

「忽然發現的存摺」，要跟各位分享幾個重點，第一個是破除一定要有錢了才開始投資的迷失，第二個就是導正我們對於金錢的觀念，我們很多人沒有錢的原因，並不是賺不到錢，而是亂花錢，第三個我們來講股神巴菲特，他的成功很值得我們借鑑，第四個告訴大家如何運用加、減、乘、除，四則運算法則，對我們的財富進行一番運算，讓我們從此邁向財富成功自由的道路。

有很多人，每天上班都非常、非常的忙碌，可是越忙卻越窮，成了窮忙族，為什麼？是不是忙的方向錯誤了？我們來探討一下原因，不要忙了一輩子，最後連為什麼沒錢都搞不清楚，普通人每一天忙的事情叫做生存，不是忙著創富，有沒有聽出來這中間的差異在哪裡？如果你每天眼睛張開就開始努力工作，但是事實上一直沒有累積或創造出財富，那你只是努力的讓自己活著，不是努力的讓自己變富有，很多人這一輩子，只是為了工作而工作，並不是為了成就自己、實現自我、邁向財富自由而奮鬥，如果懷抱著讓自己成為有錢人的目的去努力，因為態度、動機、目的、起點不同，結果當然也一定會不同，所以有錢人之所以會有錢，是因為他們工作的目的是創造財富，普通上班族為什麼沒錢？因為他們工作的目的只是為了賺錢，糊口飯吃。

在過去信用卡、行動支付還沒有像現在這麼普及的時候，當時我們出門都是要帶現金的，而現金從哪裡來呢？必須拿著提款卡到ATM，或拿著存摺到銀行提領，當時提款卡提領是有次數的上限的，舉例來說，通常提款卡提領次數上限是30次，如果超過30次，就必須去銀行刷存摺，沒有去刷存簿，提款卡就不能領錢。有一天我拿著提款卡要去ATM領錢，卡片插下去忽然跳出提領次數超過的畫面，不給我領錢，但是我急著用錢，被逼著繞回家急忙地翻箱倒櫃找存摺，費了好大一番功夫，好不容易才找到銀行的存摺，趕緊到銀行去刷了存摺，刷完存摺之後，終於領到了錢。當下，我不經意地打開存摺看了一下，結果嚇了一大跳！因為當時我的月薪大概是15萬，平常只管賺錢、花錢，賺多少就花多少，完全沒有記帳的習慣，反正只要沒錢就去提款機領，恐怖的事情是，每個月的支出居然超過我的收入，難怪我會一直感覺捉襟見肘。現在比以前更恐怖，銀行不會強制我們去刷存摺，信用卡在額度內隨便刷，用電子支付花錢根本無感，花了多少錢，錢花到哪裡去，根本不知道，也不會警惕，所以很多人都不知道財富為什麼會消失，從這個經驗想起了臺灣曾經的首富王永慶說過的一句話，他說：「你賺的一塊錢不是一塊錢，你存的一塊錢才是你真正賺的一塊錢」。

有很多人跟我說，他們感覺自己很努力的在做事，但一直沒有什麼錢，一方面的原因可能是真的賺不到什麼錢，薪水太低，還有另外一個原因，可能跟我犯同樣的錯誤，就是沒有好好的去管控金錢的流向，一般人只會關心收入，很少管理支出，賺錢有開源跟節流兩個方向。什麼是開源呢？

開源就是盡量增加你收入的來源；什麼是節流呢？就是盡量的節省你的花費。我發現很多上班族翻不了身的其中一個原因，除了賺的工資微薄稀少之外，另外一個因素就是花錢花的太兇，特別是現在這個時代，各式各樣的借貸、信貸、信用卡拼命的花，胡亂消費，才是導致缺錢或負債的主因。

有錢是一種習慣，不是說你已經習慣有錢，而是你有一種可以導致有錢的行為模式，這種行為模式經過21次不停的反複成了習慣，這叫有錢的習慣；同樣的，貧窮也是一種習慣。如果你習慣一拿到錢就拿去儲蓄，連續超過21次以上，你就養成了有錢習慣，當一拿到工資你就拿去花錢，連續花了21次以上，也養成了一種習慣，就是消費的習慣、易於貧窮的習慣。控制自己的消費欲望，記帳跟分析收支，並且先把錢拿去投資，這些都是有錢的習慣，「省小錢靠記帳」、「賺大錢靠投資」，有了這些習慣，你一定能成為有錢人。

「省小錢靠記帳」要怎麼去記？關鍵不是在記流水帳，而是在記帳的過程當中，把支出分門別類，將所有的花費歸為三大類，這三大類分別是「必要的支出」、「需要的支出」以及「想要的支出」，將這些花銷金額分別統計起來，你會發現你的錢為什麼會不見，為什麼賺的錢存不下來，不管你賺多、賺少，一定要養成記帳跟分析的習慣。

如何分析消費，減少浪費？

1、必要：稅、保險

2、需要：食、衣、住、行

3、想要：育、樂

怎麼樣去分析自己的消費？進而減少更多的金錢浪費呢？我們需要把記帳的科目分成三大類，第一類叫做「必要」，什麼叫做必要？比方說繳稅，不管你是誰，在哪個國家賺錢都要繳稅的，所以你要把稅金先留下來；另外，我們需要有保險來保障我們的未來，有些人會額外去買醫療保險，像這一些支出就叫必要的支出。第二類叫「需要」，包括我們的食、衣、住、行，我們要吃飯、要穿衣服、要租房子、要上班通勤，這一類的開銷，叫需要的支出。

第三類就是我們「想要」，比如花在娛樂方面的支出，又比如我們想要去學這個、學那個，或者是我們想要出國旅行，甚至我們想要買個名牌包、買一台豪車，這些東西都叫「想要」。把自己的支出做一個統計分析，「必要的」不能省、「需要的」可以等、「想要的」可以忍。

美國第一位首富是石油大王洛克斐勒，比世界上曾經的首富比爾蓋茲和巴菲特財富都還要多四到五倍，他的財富到達三千億美金，他曾經說過：「只有詳實的記帳才知道生意是賺還是賠」。連這麼有錢的人都在堅持每天記帳，才能夠充分的掌握它企業運營的動向，所以何況是我們平凡的上班族，不管你是上班、自己做生意、做微商、做直銷、做保險等等，我都強烈地建議各位從現在開始好好的記帳跟分類。

石油大王約翰·洛克斐勒（John Rockefeller）在《一美元開始的修練》強調，詳實記帳才能了解生意是賺是賠。

「賺大錢靠投資」，世界上的有錢人，大部分都是靠投資致富的，特別是白手起家的第一代，論投資致富，全球公認的股神叫華倫・巴菲特，他的投資心法叫做「價值投資」，通過「滾雪球效應」，不停的滾動、積累財富，達到投資致富的目的。巴菲特出生於美國內布拉斯加州的奧馬哈，他是美國的投資企業家，同時也是一個舉世聞名的慈善家，他曾經說過要把99%的財富捐出來，說到做到，他捐出了80%的財富給比爾蓋茲的慈善基金會，捐款完沒多久，他又成為世界上前五名的有錢人，巴菲特賺錢的能力果然非同凡響。賺錢的天賦從他小時候開始，五歲的時候在祖父經營的雜貨店門口擺攤賣口香糖，接著跟朋友去高爾夫球場撿高爾夫球，回家後把球洗一洗，並且適當的分類，再賣給球場、球客和鄰居，到中學的時候，送報紙還賣雜誌，11歲的時候在父親的證券經紀商打工，用他自己賺、自己存的錢，頭一次用38美元買進CT Service的優先股，漲到40塊錢賣掉，賺到了他生命中第一次的資本利得，從此愛上股票投資。

CT Service在他用40塊錢賣出後，隨後股價一路飆升，最高時來到一股200美元，這件事情讓他懊悔不已，從此他明白一件事情，如果是一個有價值的績優企業，這些股票應該要長期持有，不管是股票價差或是資本利得，長期持有下來的回報都會相當豐富，14歲那一年開始，他用送報工資存下來的1200美元，開始從事各式各樣的投資，包括他曾經買下41畝的土地，然後把土地轉租給佃農，每個月可以收取土地租金收益，小小的巴菲特在14歲之前已經很懂得理財，運用各種投資方式創富。1947年，17歲的巴菲特進入了賓州大學華頓商學院就讀，後來轉到內布拉斯加大學林肯分校，19歲的時候順利畢業，取得了商業管理學士的學位，當時有個人叫做班傑明・葛拉漢，主張「雪球投資」，運用滾雪球效應創富，巴菲特學習完再加上自己的投資心法、「價值投資」，從此奠定了投資生涯專業跟技術的基礎，並積累了大量的財富。巴菲特的財富是什麼時候開始大量積累的呢？一直到1982年，他的財富才開始顯著的增加，1990年身價到達10億美元，2008年成為世界首富，2017年胡潤研究院發布了富豪榜，巴菲特的資產只比比爾蓋茲少一點點，成為世界第二名的有錢人，到2019年富比士再次發布排行榜，巴菲特的財富排名世界第三，總資產達到825億美元。

有錢是一種習慣，有錢的人會有「有錢的習慣」，沒錢的人也會有「沒錢的習慣」，巴菲特從1930年出生之後，自小到大，都在培養自己擁有「有錢人的習慣」，一直在投資的領域上奮鬥不懈，努力學習投資專業，持續學習並且大量閱讀，而且非常的有紀律，根據他的投資心法跟投資準則，堅持「價值投資」，也就是透過財務分析，找到基本面和產業前景好的公司，在這類市值好的公司市價被低估的時候，逢低買進股票並且長期持有，方法很簡單易學，做起來卻有一定的難度，需要經過不停的訓練跟堅持，有別於一般投資人習慣「追高殺低」，「價值投資」除了需具備專業外，更需要耐心的等待。

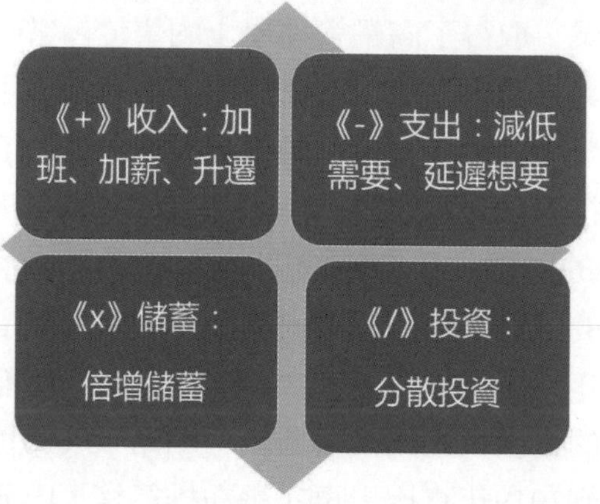

最後，我們來分享加、減、乘、除，四則運算財富法則。通過「加號」來增加收入，通過「減號」來減少支出，通過「乘號」來倍增儲蓄，通過「除號」來分散投資。

《+》收入：加班、加薪、升遷
《-》支出：減低需要、延遲想要
《x》儲蓄：倍增儲蓄
《/》投資：分散投資

一般上班族、普通工薪階級，增加收入最簡單的方法就是加班、或者爭取加薪，如果想要大幅度的增加收入，那就要想辦法升遷，這些是在原來的工作上增加收益的方法；

除了正職，還可以想辦法兼職，多打幾份工來增加收入，現在兼差的方法太多了，比如說我們可以擺攤、做電商、微商、消費商、新零售商、直銷、保險、房仲、保全、團購、代購、開Uber、送外賣……等等，但如果你只靠勞力或出賣時間賺錢，基本上，再怎麼努力，還是不太可能成為有錢人的，所以必須「投資自己」，提升自己的單位價值，也就是提升你的能力，讓別人願意多付錢給你，才有機會賺更多的錢。

往財富自由之路邁進的進程中，還有一個關鍵叫做儲備第一桶金，要有第一桶金你就要有儲蓄，要有儲蓄你就要減少支出，我們都知道收入減掉支出等於儲蓄，大部分的人為什麼存不到錢？原因如下，比如說，一個月的薪水3萬元，減掉支出2萬8千元後，剩下2000元，一般人把花剩下的錢存起來、這個叫儲蓄，但這個方法是錯的，用這種方式很難存到錢，真正存錢的方法應該倒過來。

如何有效地減少支出跟增加儲蓄，打個比方，當你去逛街花錢的時候，你把錢支付給店家，錢就這樣跑到別人的口袋，與其把自己的錢交到別人的口袋，你為什麼不要把錢放自己的口袋呢？這樣一轉念，你就能夠輕易地控制那種衝動消費的欲望，肥水不落外人田，我們應該在有收入的時候，先付一筆錢給自己，剩下的錢才去支付必要、需要以及想要的支出。

你應該要有的四本存摺：

1、存款帳戶

2、稅款帳

3、房貸或房租帳戶

4、費用支出帳戶

因此，在分配金錢收入的過程當中，你要把四本存摺有效地分成四個帳戶，這四個帳戶可以在不同的銀行個別開立，它們分別是存款的帳戶、房貸或者房租的帳戶、稅款帳戶、費用支出帳戶，這四個帳戶分別對應「儲蓄」及三種花費，也就是「必要」、「需要」、「想要」，通過對金錢的分配、分類、記帳與管理，理出財來。

存款怎麼配置？

1、40%保本

2、30%投資

3、20%保命（保險）

4、10%活存

隨著時間的推移，理論上你的存款應該會越來越多，這些存款要怎麼去配置，我們可以參考「標準普爾4321法則」，把我們的存款分成四份，40%做為保本的錢，30%用作積極型的投資，20%做為保命的錢，10%做為活存、隨時可以靈活的取用。

李嘉誠曾經說過一句話：「世界上並非每一件事情都是金錢可以解決的，但是確實是有好多的事情，是需要金錢才能夠完美的解決或完成」。所以我們理解了這句話背後的真正含義，錢不是萬能但是沒有錢萬萬不能，大家都想成功想致富，每個人都想成為有錢人，但君子愛財取之有道，我們可以通過循序漸進的方式，慢慢的讓自己成為有錢人，所以從今天開始讓我們改變財富的進行式，什麼叫做改變財富的進行式呢？就是改變我們過去不好的投資跟消費習慣。

改變財富進行式

原來：收入-支出=儲蓄

未來：收入-儲蓄=支出

最後用李嘉誠的名言來跟大家分享，為什麼一直在強調這件事情，因為改變習慣是痛苦的，特別是要讓我們改變花錢這種快樂的習慣，那是一下子很難做到的，所以有很多人為什麼一生當中一直沒有成功，不是沒有遇到好的機遇，而是在於沒有好好的爭取跟把握，藉口太多、理由太多、然後不行動，如果你老是沒錢存不到錢，或者感覺自己總是在貧困窘迫的日子當中，關鍵是現在知道了這樣的好方法，你要即知即行改變行動。

九、賺大錢很容易

如果我跟你說：「賺錢很容易，賺大錢真的很簡單。」你相信嗎？你心裡會有什麼想法呢？年輕的時候，我跟各位一樣都是上班族，我經常在想一件事：「我要怎麼樣才可以賺到很多錢？」有一天，我遇到一位陳總裁，我跟在他身邊學習了大概三年的時間，陳總裁是一位身價超過百億的企業家，有一天他告訴我一件事情，讓我徹底的顛覆三觀，他說：「賺大錢很容易，賺小錢很困難」，聽他說這些話的時候，我心裡只有一個想法，「放屁」！

有一位財經記者在路上隨機訪問路人，一位年輕的帥哥接受採訪，以下是記者跟帥哥的對話。

記者問：「帥哥帥哥請問你，你的收入好不好？你的年薪大概有多少錢啊？」

帥哥說：「我的工作非常的好，事業特別的順利。如果不算獎金，我一年的收入大概有800萬；如果把獎金算進去的話，我的年收入可以超過一仟萬。」

記者一聽，哇！了不起啊！這個帥哥看起來也就30歲左右，居然這麼有成就，年紀輕輕、年薪一仟萬是什麼樣的概念呢？於是記者很好奇的追問：「那帥哥你是做什麼的呢？」

帥哥說：「我是做夢的。」

一談到賺錢，大家就開始不著邊際，為什麼呢？因為我們都想成為有錢人，可是我們都不敢想像自己有一天能夠成為有錢人；因為上班，別跟我談夢想，我的夢想就是不上班。有錢了誰還上班，誰都不想每天起早趕晚還996，可是很多人，對於有錢這件事，為什麼連夢都不敢夢、連想都不敢想呢？因為回到現實，就會發現賺錢特別困難，何況如果想通過上班、打工致富，這簡直比登天還難。

賺錢真的很容易，這不是嘴巴說說，耍嘴皮子，而是當你真正掌握到富有的人、成功的人和有錢的人的思維、行為、習慣、模式，和他們賺錢的方法的時候，你會發現賺錢真的很容易。成功的人到底是怎麼成功的？有錢的人到底是怎麼有錢的？當你能夠徹底的明白之後，你就會感覺到賺錢很容易，我現在就有這種感覺，因為我已經學會有錢人賺錢的方式。

陳總裁是一位身價超過百億的大亨，他所經營的事業非常成功，在全球各地都有他的公司。他做的是大健康產業，從研發、生產、製造到行銷，是自己一條龍包辦所有上、中、下游業務，公司一年營業額大概可以做到1千億，我們假設如果淨利潤是10%，那麼他一年可以賺1百億。有一天，我聽到陳董的演講，他開口對大家說：「賺大錢很容易，賺小錢很困難」，我聽的一頭霧水。

我心裡就犯嘀咕，陳董是不是講錯了？應該是賺小錢很容易，賺大錢很困難吧？因為我們一般人要賺一點小錢不是什麼難事，但是要賺大錢確實對我們來說，無異於緣木求魚，所以他說的話肯定是有毛病的。他說的是「賺大錢很容易，賺小錢很困難」；而我反而覺得，我賺一點小錢都很掙扎了，更別說是賺大錢了，雖然我的年薪還過的去，一年下來也有2佰萬左右，可是我覺得想要再賺更多的錢，已經非常、非常的困難。

為了理解這一句話，從30歲到40歲，整整花了十年的時間，十年之後我才琢磨通透這句話的真實意思，白白浪費了十年，我真的很後悔沒有早一點想明白，因為我也不知道，該去向誰請教這句話真正的用意與含義，到底陳總裁講的是什麼意思，後來學習了財商，又經歷過破產，重新來過後，才明白陳董說的「賺大錢很容易，賺小錢很困難」，完全指的是你賺錢的方式，也就是收入的來源與形式。有錢人賺錢，和普通人、上班族賺錢的形式是不一樣的。

我們來看看上面這張ESBI四大象限圖，這張圖來自於「富爸爸，窮爸爸」的作者，羅伯特・清崎。他有兩個爸爸，一個是有錢的爸爸、也叫富爸爸，一個是沒有錢的爸爸、也叫窮爸爸。他的生父，也就是窮爸爸，在夏威夷當公務人員，薪水非常的穩定，生活也還算優渥，可是就是沒有辦法成為有錢人。他的另外一個爸爸，是富爸爸，乍看起來不知道靠什麼營生，可是財富卻不斷地積累，不停的增加，越來越有錢，所以他很好奇，到底兩個爸爸賺錢的差異在哪裡？為什麼距離這麼大？

經過了一段時間的研究，同時，他的富爸爸也告訴他有錢人如何去賺錢的方法，他才明瞭，原來這世界上有四種人，賺錢的方式都是不同的。第一種人，可以說大部分的人，都在E象限（Employee），也就是員工、受薪階級、上班族；接下來往上走，是所謂的自營者、自雇者，S象限（Self-Employed），也就是具備一些專業、技術、能力或條件，自己開公司或經營事務所，舉例，像醫生、律師、會計師、建築師、藥師……等，或者透過其他專業來營生的專業人士，叫做自營者。還有一種人叫做老闆、企業家，B象限（Business Owner），自己開公司，是擁有公司企業的人；最後一種人，是屬於投資人，I象限（Investor），專精於投資領域，通過投資獲取收益。以賺錢的方法來分，這個世界上總共有這四種人，他們賺錢的方式跟收入的來源是非常的不同的。

員工、受雇者、上班族靠什麼做為主要的收入來源呢？就是領薪水過日子，大部分的收入屬於「勞動所得」；另外還有一些人是自僱者、自己開事務所，自己營生，例如醫生、律師、會計師等，他們的收入來源是「執業收入」，比上班族還要多一些，但不管是「勞動收入」或「執業收入」，這些收入都叫做「主動收入」，主動收入就是當你有工作就有錢，沒有工作了就沒有錢，這是一個很大的問題，因為總有一天我們會失去工作或失去工作的能力。

在圖的右邊還有兩種人，一種人是老闆、企業家，一種人是投資者。老闆、企業家設立公司、企業，通過僱用員工或掌握銷售通路渠道、專利、智財權等，加上管理、營銷專業，為公司、企業創造利潤，得到「經營利潤」，也為自己累積財富；投資家，他們通過投資金融、股票、投資公司、投資房地產、投資各種項目，獲取「投資收益」、「資本利得」，富甲一方。老闆、企業家跟投資者都有一種共同的收入來源，不管是「經營利潤」、「投資收益」、「資本利得」，大部分都被歸屬於「被動收入」，什麼是被動收入呢？也就是當他不用工作的時候，這些錢仍然源源不絕而來。

陳總說的那一句話，我經過十年的時間，才終於琢磨清楚，他說：「賺大錢很容易，賺小錢很困難」，在明白他的意思後，我完全認同他的說法，因為大部分人賺錢的方式，是通過「主動收入」，如同每天到河邊挑水回家用一樣，既辛苦又很難持續，而且很難積累致富，賺「小錢」真的很困難。賺大錢的人之所以能夠賺大錢，是因為他們開通了賺錢的管道，如同通過水管把自來水接到家裡來一樣，只要水龍頭一打開，水就嘩啦嘩啦的流出來，只是有錢人家的水龍頭打開，流出來的不是水，流下來的是錢，他們所擁有的「被動收入」模式，讓他們輕鬆又容易，長期及持續的，可以賺到「大錢」，所以要有錢，最重要的就是改變我們的收入來源和收入的形式，要讓自己開始產生被動收入。

在前面「師兄的私房錢」的故事中，我們也曾經提過E、S、B、I四個象限，以及「主動收入」與「被動收入」的解釋跟差異，被動收入（Passive Income）這個名詞不是我創造的，美國的國稅局有將它做了定義，美國人的收入來源劃分成三種類型，分別是主動收入，也就是勞動收入，接著是被動收入，第三種是組合收入。什麼是被動收入呢？就是你沒有重大參與經營的貿易或商業活動，卻可以從中獲得的收入，簡單的說，就是你沒有做，這錢仍然還是你的，仍然可以源源不絕地獲取利益，這樣的收入，就叫做被動收入。美國為什麼會去定義這個呢？因為美國的國稅局認定被動收入是應稅的收入，是應該要繳稅的。哪一些收入的範疇是屬於被動收入呢？我們簡單的列舉如下，被動收入的形式包括，但不限於這些東西。

取得被動收入的25種模式

一、錢生錢類

1、銀行存款利息

2、民間借貸利息

二、房產類

3、自己擁有的房子、辦公室、店面等出租租金

4、自己擁有的房子、辦公室、店面以息代租

5、自己擁有的房子、辦公室、店面以租代售

6、控制別人的房產，升級轉租收入

7、低價全款買房，升值後向銀行貸款，用資金套利

三、企業類

8、讓別人管理你的企業或者托管出去賺被動收入

9、開分公司，複製被動收入

10、做新產品和服務的省級代理

11、打造品牌，賺取加盟費和品牌使用費

12、整合某行業或企業，統一品牌，收品牌使用費

13、用公司（法人）參加直銷，建立組織並合法節稅

四、租金類

14、把你閒置的汽車租出去

15、租給快捷酒店客房電腦

16、出租寵物、出租室內花草、出租包包、出租書籍、出租汽車、出租衣服、出租會員卡、出租首飾、出租家電、出租家具、出租數位相機、出租電腦、出租裝備、出租鋼琴電子琴……

五、知識產權類

17、出書版稅和寫電子書銷售

18、網路寫手文章被轉載的稿費

19、專利授權使用費

六、剩餘收入類

20、銷售人推銷出去的產品、服務，定期重複購買產生的收入（如定期代購、團購、直銷）

21、發展一個經銷商重複進貨產生的收入

七、互聯網類

22、透過網站賣資訊產品（利用病毒式營銷）

23、透過淘寶等轉售產品做渠道

24、建立YouTube內容，成為Youtuber

25、在各種社群、直播App上，直播帶貨

在這麼多種賺被動收入的方式中，大分類只有兩種，分別是「用錢來賺錢」跟「用人來賺錢」，也就是透過錢來幫我們賺取被動收入，或透過人來幫我們賺取被動收入。所以，如果你打算開始改變自己的收入模式，創造屬於自己的被動收入；原則上也就是兩大類：一種是透過錢來賺錢，另一種是透過人來賺錢。

抖音曾經有一段影片特別的紅，有一個外送的小哥去算命，算命的老先生跟他說，他有一天會黃袍加身，後來這個

小哥真的黃袍加身了，就是送外賣時穿的制服黃背心，小哥說了一句話，這句話蠻經典的：「糟老頭，我信你個鬼」。我以前聽陳總裁的演講，心裡總是在想，「大亨的嘴，騙人的鬼」，因為他們講的話，不是白話文、也不是國語，即使他們講的是「中文」，我們可能一句也聽不懂，等有時間再回頭細細的品味，認真的學習跟研究，才發現其實這些大亨、商業的大腕、老師，他們講的話不是在騙人，而是我們不明白，我舉一個人做例子，你一定能夠認同，這個人就是馬雲。馬雲在阿里巴巴、淘寶還沒有經營的很好之前，在台上演講，只要他講什麼，大家就懷疑什麼；更多的時候，都認為他是來自於火星，所以他說的是火星文，完全沒有人聽懂他在講什麼，隨著時間的推移，後來的每一件事情都證明馬雲確實是有眼光、有見地，他講的都是對的。

在賺錢這件事情上，我們千萬不要再死死板板的，就只靠一種收入叫做「工資」，因為當你靠工資來做為收入的來源時，你所獲取的叫做「主動收入」，那麼你是不可能成為有錢人的！哪怕你的工資再高，你最多也只能達到所謂的「財務安全」，你是不可能實現「財務自由」的！本篇開始時我說過，我感覺我已經掌握到賺錢的方法，特別是賺大錢的方法，這是實話，不騙人的。為什麼？因為我現在努力的方向，都是在為自己創造被動收入，努力的讓自己成為有錢人，讓錢為我賺錢、讓人為我賺錢。

麥當勞是全球最大也是最成功的餐飲連鎖體系，光「麥當勞」三個字，就可以收到好多「被動收入」，真正把麥當勞做大的人叫雷・克洛克，他原是1902年出生在美國洛杉磯的一個業務員，有17年的時間他努力的推銷奶昔攪拌機，行銷全美國，在他52歲的時候，忽然發現有一間餐廳，跟他訂了八台奶昔攪拌機，引起了他的好奇。在美國，一家餐廳通常最多買一、兩台奶昔攪拌機就很了不起了，可是在加州聖伯那地諾的一家餐廳，卻一次訂了八台奶昔攪拌機，引起了克洛克的好奇，於是他親自拜訪。這次拜訪讓他嚇了一跳！因為這家餐廳是一對麥當勞兄弟經營的，哥哥叫做迪克・麥當勞，弟弟叫做馬克・麥當勞。他們把連鎖快餐改良，只賣最快速的漢堡、薯條，搭配飲料，所以生意做得非常的火紅。

克洛克看完麥當勞兄弟開餐廳的模式，當下就決定要跟麥當勞兄弟合作，花了很大的力氣說服了這對兄弟，讓麥當勞兄弟同意克洛克開始所謂的特許經營，也就是我們說的加盟。從克洛克52歲開始，也就是1954年到1961年間，他們合作的非常愉快；直到1961年的時候他們產生了一些嫌隙，所以克洛克用270萬美金的代價，從麥當勞兄弟手上把麥當勞買斷。從此麥當勞變成克洛克自己擁有的產業，也成為了全世界目前約有38000家連鎖店的大規模連鎖企業。

克洛克獨到的商業眼光，跟別人開辦企業不一樣，因為他在開辦企業的初期，就深深懂得透過被動收入來幫企業賺錢的道理，也就是我們所謂的「自來水賺錢法」，或是「國家高速公路賺錢法」；「只要水龍頭打開，水就會源源不絕而來的」，他一開始就把這種想法植入了麥當勞的基因當中，麥當勞是什麼樣的公司？可能大家會毫不思索的說，是一個速食餐廳，專門賣漢堡的，這個答案是對，也是錯。到了2019年，麥當勞在全球已經發展出超過38000多家的加盟店，包括直營店；但其中麥當勞的直營店只占了不到5%。所以麥當勞是非常非常聰明的企業，他們要賺的錢跟我們前面談的是一樣的概念，他們不要賺主動收入，他們想賺的是被動收入，你沒有聽錯，企業也有分主動和被動收入之分，當你的主業是賣漢堡，如果賣得好，當然有錢賺；如果賣得不好，甚至倒閉，那不是完蛋了嗎？克洛克深諳經營之道，所以他用別的方式設計了麥當勞的模式。

2017年麥當勞公布的財報，其中直營店產生的收益占了55.7%；各位注意看，加盟店的店租占了總收益的28.5%；其他權利金是15.4%。也可以說麥當勞透過租金以及加盟金收取了將近45%的收益，這跟任何其他的加盟連鎖系統都不太一樣。其他的連鎖加盟系統，基本上都是靠他們主要的產品；例如海底撈靠餐飲賺錢；服飾店靠服飾賺錢；NIKE、adidas靠鞋、帽、衣服賺錢；但麥當勞賺錢跟其他人是不同的。

我們生活在這個時代是非常非常的幸運，因為在這個時代，我們有很多很多可以創造被動收入的方法；包括透過網路，你可以成為網紅、直播帶貨銷售王；也可以透過投資房地產、股票、建構連鎖加盟體系，或是自己開公司等等，有很多很多的方法都可以建構屬於自己的被動收入，只要多用點心，一定找到適合你的方法，並開始建構你的被動收入來源。巴菲特說：「如果你沒有找到一個當你在睡覺的時候仍然能夠賺錢的方法，那麼你將工作到死」，所以，別在死工作了，快去賺「被動收入」。

十、床底下長出來的麵包

愛因斯坦是近代以來大家公認最偉大的科學家之一，特別是他發明的相對論，對於現代人來說有很大的影響，包括物理學和我們現在用的手機晶片，或是工業上、生活上的各種運用，以及宇宙觀的改變，大家都公認愛因斯坦是既聰明又偉大的科學家。有一天有人去問愛因斯坦說：「愛因斯坦先生，你覺得這個世界上什麼樣的東西威力最大呢？」愛因斯坦不假思索的說：「複利的力量比原子彈還大」，我們都知道原子彈的發明也是因為愛因斯坦的相對論而發明的，他居然說，複利的力量比原子彈還要大。

西洋棋又稱為國際象棋，棋盤看起來黑白相間，有很多人看過或玩過，傳說國際象棋是古印度時代，大概距今2千多年前，有一位叫做西塞的印度宰相發明的，當時他的國王叫做舍汗，西塞發明這個象棋之後，國王非常的高興，跟西塞說：「我聰明的宰相，你居然發明了這麼好的國際象棋，本王決定獎賞你，來！你想要什麼樣的獎勵呢？」。國王本來預期西塞可能會要一座城池、幾千畝土地或者要很多美女和黃金，但是宰相反而沒有要求這些，他說：「偉大的國王，我只有一個卑微的請求，如果您真的要獎賞我，那您就在這個棋盤上，按照我希望的方式來獎勵我。請在第一個棋格上放一粒麥子，第二個棋格上放兩粒麥子，第三個棋格放四粒麥子依此類推把它放滿64格，您把這些麥子獎賞給我就可以了」。國王不假思索的就答應了，這有什麼了不起。

國王立刻找人去糧倉把麥子搬過來，一開始只搬了一袋麥子過來，因為就在這個小小的棋盤上，國王認為搬一袋的麥子來放在棋盤上就足夠充分，結果一開始是沒有什麼問題，但是大概放到第15格、第16格的時候，國王嚇一跳了，因為國王發現這個麥子遠遠的不夠用，而且接下來搬進來的不是一袋兩袋，而是一車兩車，直到國王沒有辦法兌現他的承諾，原來國王陷進了西塞的一個陷阱，導致無法兌現他承諾的獎勵。如果按照西塞的要求，第一個棋格放一粒麥子，第二個棋格放兩粒，以此類推，4粒、8粒、16粒、32粒、64粒、128粒、256粒，這些我們都算得出來，可是放到64格的時候，全部加起來總共要多少粒麥子呢？

答案是18446744073709551615粒麥子！按每35粒麥子重1克計算，這些麥子共重約5270億噸，相當於當時全世界加起來2000多年的小麥產量。國王看著手下的人忙進忙出的，不停搬著麥子進來王宮裡面，以當時他們國家的存糧，根本不可能把棋盤上的64個棋格放滿麥子，這就是複利跟倍增的力量。

如果我從現在開始每天給你一佰萬，一直給到月底共30天，合計給你三仟萬；或者我第一天給你一塊錢，第二天給你兩塊錢，第三天給你四塊錢，以此類推，每一天都是前一天給的金額的兩倍，一樣給30天，你會選擇第一個方案，也就是每一天領100萬，還是選擇第二個方案，從第一天一塊錢開始領？

選一的人，每一天給你100萬，連續30天就是3000萬，恭喜你擁有3000萬的財富；但是，如果選二的朋友，到第30天的時候，加總起來會有5億3600萬，難怪愛因斯坦不假思索的說，這世界上有一種東西最具威力，比原子彈還猛，這個東西叫做「複利」。

很多人對於投資理財不感興趣，或者根本沒有在投資理財，一方面是不知道該怎麼開始，一方面是不知道投資理財的威力，特別是投資理財要越早越好，巴菲特在11歲的時候開始買股票，各位想想11歲的時候我們在做什麼呢？11歲開始投資，他竟然還說非常後悔沒有更早的開始買股票，沒有買更多的股票，為什麼他會說這句話呢？因為當他充分的明白時間跟複利的威力，越早開始，時間越久，獲利越大。

有一年的大掃除，家裡到處都打掃了，就除了一個地方還沒有掃到，這個地方就是平常都沒有想到的地方、床底下，因為家裡有小朋友，所以床底下跑進了很多的玩具，那天打掃家裡的時候，我們就想到了小朋友說有很多玩具老是找不到，結果不是在沙發後面，就可能在床底下，於是我們就決定把床翻起來打掃一番，結果不翻還沒事，一翻就嚇一跳，翻起來的床底到底長什麼樣子呢？

我們家的床底翻起來之後，當然也有很多灰塵和髒東西，可是更讓我訝異的是裡面有很多的玩具、硬幣跟紙鈔，當我們把這些玩具掃出來，把硬幣、紙鈔集合起來之後，發現居然有2～3千元這麼多，床底下為什麼會有這麼多錢呢？原來是我們的小孩子，有事沒事就抓著錢到處玩，因為小孩子對金錢沒有概念，所以不小心就跑到床底下去了，我們大人也不知道床底下居然能夠掃出這麼多錢。

談到這兒大家趕快去家裡面翻翻床底，看有沒有什麼樣的寶貝，有一個老兄把他的私房錢藏在床底下長達六年的時間，這六年當中，他的老婆都沒有發現，直到有一天他老婆心血來潮，想要打掃他們家的床底，床墊一掀開嚇一跳，這裡面藏了密密麻麻的紙鈔跟硬幣，有好多、好多的私房錢，這些錢被老婆發現，大概就只能充公了。有很多時候，特別是日常生活當中，我們很容易會把一些小錢忽略，哪怕只是幾十塊、或者幾百塊，這些散錢，被隨意的放置，如果可以及早開始運用，把零錢拿來投資，你就可以越早取得時間跟複利的效果，積沙也能成塔，涓滴可聚成河，財富就是這樣被點點滴滴累積及倍增出來的，讓錢長出更多的錢，床底下是能夠長出一棵搖錢樹的。

如果你的錢有很好的投資標的，比方說你會操作買賣股票，除了可以賺投資股票的價差，還可以參加除權息，獲取比銀行定存更高的殖利率，也可以通過購買投資型的保單，定期定額投資基金等，運用適合自己的方式，充分的把金錢的效益用到最高，甚至零錢、餘額也都可以拿來投資，比如大陸微信的理財通，支付寶裡面的餘額寶，都是用散錢、小錢就可以投資，有一個商品如果用零錢買來，放了一年，可以有7％的報酬率，這是相當好的投報率，即便是懶人、投資素人也能輕鬆獲取投資收益。

如果按照投資年化報酬率5％來推估，投資六年，一塊錢大概可以變成1.5塊錢，就是你的錢會倍增1.5倍，舉例來說你有100塊，六年之後你的錢會變成150塊，如果你有1000塊會變成1500塊，如果你有100萬就會變成150萬，這樣聽起來是不是很有感覺呢？把100萬丟在床下六年，或者拿出來投資，用年化報酬率5％結算，到第六年得到150萬，這感覺應該很舒服吧！如果投報率可以到達35％呢？算下來會是什麼狀況？在35％的年化報酬率之下，一塊錢在第30年的時候會變成8128塊，100塊錢會變成81萬，1000塊錢會變成810萬，1萬塊錢會變成8100萬，10萬塊錢會變成8億1000萬，所以千萬不要小看投資的力量，不要小看時間跟複利倍增的力量，真的很恐怖。

股神巴菲特開始投資的時候，只有9800塊美金，當他經過了幾十年的投資，每一年平均的投資報酬率是20%，截止到2020年做了一個財富統計，他的身價已經到達812億美元，所以我們可以從巴菲特身上學到很多的東西，第一、投資越早越好，第二、選擇優質產品跟標的來做投資，巴菲特每年20%投報率，這也是我們所追求的目標。

讓錢滾錢的賺錢之道，在於要有耐心找到適合你的投資標的，如果你有時間就自己做研究，沒有時間就找到市場上年化報酬率大於5%以上的產品來投資，現在有很多ETF的投資組合，比如說台灣股市的0050、0056，每年的年化報酬率都有機會超過5%，不要盲目地去追求高報酬，也不要去做短時間獲取高額回報的投資項目，高報酬一定伴隨高風險；但也不要選擇投報率太低的產品，比如把錢放在銀行定存生利息，因為選擇投報率太低的產品，可能不但沒有辦法幫你的錢財帶來增值，反而還會貶值，因為還有一種東西叫做通貨膨脹，按照目前每一年大概3%通貨膨脹率，你今年有的100塊，到明年會只剩97塊的購買力。因此，如果考慮通貨膨脹的因素，我們選擇的投資標的，絕對不能低於年化報酬率3%，我們所追求的是穩定的現金流收益，而不是盲目虛高的報酬率，所以不要去玩資金盤或者是不靠譜的民間借貸、互助會，更不要輕信短期致富這種鬼話，投資致富的關鍵在於產生穩定的被動收入，不要把我們的錢隨便放在別人的口袋，不要去碰自己不懂的理財商品。

一般人都能輕鬆做到的投資致富策略，叫做「價值投資」，什麼是價值投資呢？價值投資其實很容易理解，就是我們在投資的時候，在資本市場上選擇的公司價值很好，但是它的價格被低估，在它股價相對低點的時候持續買進並長期持有，這個方法就叫價值投資，巴菲特就是奉行價值投資的投資策略，讓他的財富可以一路累積到800多億美金。最近有個笑話，有一個歐巴桑莫名其妙成為股神，原來在十幾年前，她用30塊錢一股買進100張台積電的股票，後來因為出車禍住院，出院後又搬到新家，忘記了這件事，十幾年間就這樣把台積電的股票放在那邊，有一天回老家整理東西，看到了十幾年間證券公司寄來的信件，這才去查股票價值，截至2020年12月，光100張台積電的股票就價值超過5仟萬，如果再加上這期間的配股、配息，算起來，總價值可能超過1億，

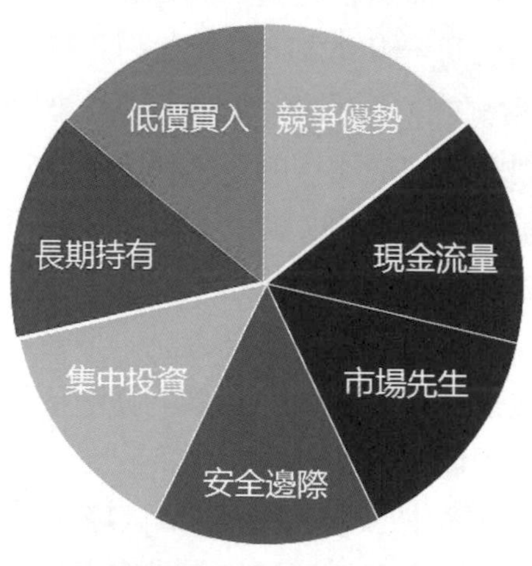

她之所以能把台積電抱這麼久，完全是因為車禍，結果，有很多聰明的人、投資高手，別說賺一億，十幾年間，在股市殺進殺出，能保住本金就算是萬幸了！除了價值投資的策略，還有趨勢投資、高頻量化對衝交易……等，各種投資模式，但是後面幾種，都需要你有很高的專業跟專注度，只有價值投資是所有的人都可以進行的無腦的投資，但是無腦不代表不用動腦，是不用花那麼多心思跟精神。

具體來說，價值投資要怎麼去操作呢？他有幾個原則跟方法，我們來看一下。

首先，第一個原則叫做競爭優勢原則，什麼叫競爭優勢原則呢？就是我們在選公司的時候要選有成長潛力的公司，產業趨勢背景良好的公司，同時很重要的事情就是我們要選擇管理層正直誠信的團隊，這是很重要的一個概念，這個原則叫做競爭優勢原則，也就是我們不單選公司我們還要再選誰在管理經營公司。

第二個就是現金流量原則，這家公司它必須有足夠的現金流，現金流斷裂是很多公司倒閉或經營困難最重要的一個原因，所以我們要通過財報去看，他的財報是真是假，手上持有的現金夠不夠。

第三個原則叫做市場先生原則，什麼叫市場先生呢？市場先生就是一個虛擬的名詞，不管你是買或賣或者你什麼都不做，都有一個無形的人叫做市場先生，通過各種方式來影響你的決定跟判斷，所以市場先生原則就是告訴我們，我們要利用市場而不是被市場利用，很多的市場會有假消息放出來利多或利空，但通過這些假消息或者利多利空的消息操作，讓投資人來追捧或者讓投資人上當，這就是市場先生的原則，那麼我們要非常的清楚明白，我們是控制市場而不是被市場控制。

第四點叫做安全邊際原則，也就是說我們算好這個公司的實際價值之後，定義好他的安全邊際，舉例來說它的價值是值80塊錢，超過80塊以後這個公司我們就不買了，我們不要出價過高去買一間好的公司，因為這樣就無利可圖。

第五點叫做集中投資原則，就是我們手上的股票或投資的公司當中，我們盡量去選擇熟悉的專業領域，然後不要選擇太多的標的，這樣子才能夠集中投資，了解整個產業及公司的經營變化。

第六點叫做長期持有原則，買股票不是為了賣出股票賺那短短的股票的利差，而是為了把公司買下來成為公司的一部分，這是巴菲特在價值投資裡面特別強調的一個部分，很多人買股票就是買一張紙，而巴菲特所買的是背後所代表的公司，比如說他所買的可口可樂、達美航空、iPhone蘋果公司等等，就是長期持有獲取最大的報酬。

第七點是買入的原則中，永遠是以低於價值的價格買入，所以巴菲特有一句名言，當別人恐慌的時候我貪婪。

剛剛介紹了巴菲特的價值投資，我認為價值投資的精髓就在這一句話「你付出的是價格，而你得到的是價值」，只要是金子終究會發光，所以我們要買將來具備升值賺錢潛力的金雞母，我們的投資原則也是要找到這樣的標的。所以我們投資越早越好，我們身邊充滿了各式各樣的投資機會，確實會讓人眼花繚亂，我們定下心來想到底什麼樣的東西值得投資？回頭還是要回到這件事情本身有沒有具備價值，然後我們付出價格之後得到它的價值。

世界知名的諾貝爾獎，從1901年開始正式頒獎到現在2020年，已經超過了100年，他總共頒六個獎銜，第一個是物理獎，第二個是化學獎，第三個是生理學或醫學獎，第四個文學獎，第五是和平獎，第六是經濟學獎。諾貝爾所設立的諾貝爾基金會，每一年所頒發的獎項，都是由瑞典皇家科學院選出得獎人，當時諾貝爾為什麼會設立諾貝爾獎呢？因為諾貝爾發明炸藥，然後通過炸藥賺了很多的錢。

在1864年的時候，諾貝爾的炸藥工廠發生大爆炸，當時造成了五個人死亡，其中包含了他的弟弟艾米爾，結果新聞報導寫成了諾貝爾死亡，新聞報導一出，很多負面的批評就出來了，比如說「諾貝爾」這個找到以超快的速度殺死更多人而發大財的人終於去世了，諾貝爾看到這樣的評價當然非常的難過，他想我難道在世人的眼中就是這樣的一個黑心商人嗎？所以他就決定用他畢生的財富，捐出3100萬瑞典克朗，設立了諾貝爾基金會。

3100萬的克朗大概是多少錢呢？在當時大約是一仟萬的美金，諾貝爾為了讓管理基金會的人，不要花太多的時間在經營理財而把方向弄錯，希望大家用時間去找到每一年對世界作出重大貢獻的得獎者，所以當時他規定諾貝爾獎的基金，只能做安全的投資，比如銀行的定存，可是經過一段時間，諾貝爾獎幾乎快撐不下去，到1953年的時候諾貝爾獎的基金只剩下一仟萬克朗，大概是300萬美金左右，如果事情再嚴重下去，就沒有諾貝爾獎了。因此，在1953年的時候，諾貝爾基金會改變了管理的章程，重新修訂了投資的標的物，不只是銀行定存也開始投資股市、房地產、基金及其他的投資項目，通過1953年重新改革之後，到2017年的諾貝爾基金會，基金總市值到達29.9億的瑞典克朗，增值93倍，這就是投資時間以及複利的力量。

我們從瀕臨破產的諾貝爾基金會的投資上，可以看到它投資的標的大概是50％投資在股票，20％投資在房地產，另外30％做其他的投資，通過這些投資把整個瀕臨破產的諾貝爾基金重新拯救回來，而且變成了29.9億克朗的資產，所以諾貝爾獎還可以一直運行下去，再100多年，這些錢永遠都還是花不完的，同樣的道理如果套在我們身上，不管我們現在有多少錢，不管過去活的怎麼樣，從現在開始你都有機會翻身的。

愛因斯坦曾經說過，這世界上比原子彈威力更強的東西就是複利加上時間，所以親愛的朋友，大家不要對投資理財抗拒，或者對於將來成功致富感到恐懼，其實你只要越早開始，然後把握時間跟複利原則。經過20年或30年，你的財富一定可以累積到一定的水準，過上比別人更好的生活，所以從今天開始即知即行，我們就開始採取行動吧。巴菲特說：「不是你的能力決定了你的命運，而是你的決定改變了你的命運」，加油！

第五章 All Money Back Me Home財神咒

記得大概在十年前左右，有一天我一個非常要好的朋友，非常成功的老闆，他忽然跟我說了一段話。當時他是這樣說的：「寶哥啊！我發現你這個人很有才華，能力條件和外表種種都不錯，可是為什麼總感覺你老是賺不到錢呢？你是不是運氣特別的不好？」當時我聽他講完這段話，是不以為意的，也沒有特別去思考，不過這段對話，我還是把它記下來了。因為朋友的這一段話，我開始特別留意，我自己是不是屬於運氣不好的那一種人？沒想沒事，一認真起來，我發現，好像這一路以來，從小到大，確實感覺運氣都比別人差一點。

舉例來說，每次老師要找人回答問題，不叫別人總是叫我，搞的一到上課都很緊張，經常答錯被罰站；再來，買彩票總是不中；到了年終的時候公司抽獎，基本上大家都是滿載而歸，我總是拿到安慰獎，甚至沒有獎，我真的應該是運氣特別不好的那種人。接著，我又陸續的發現，做生意或者投資事業，別人怎麼做怎麼賺，我怎麼做怎麼賠；我找成功的人、賺錢的人一起合作，結果大家一起賠錢；他沒有跟我合作時，他又開始賺錢；我一買股票，股價就下跌，套牢很久的股票，一賣出，股價就漲，所有想的事情，經常事與願違，我真的是天生的倒楣鬼！

實話說，我本來是不相信風水啊、命運啊這種東西的，雖然我對這些事不排斥，也經常很好奇，歸根結底，最多就是覺得這些東西很有趣，至於相不相信，那肯定是不信的，因為我覺得命運這種東西，只是老人家在騙小孩的，現在都什麼年代了，這是以前中國封建思想下，皇帝欺騙老百姓用的。我一路跟命運在搏鬥，逆風而行，發現好像怎麼逆都很不順，所以後來我想，能不能轉一個方向呢？可不可以不要逆著來？如果能順風使舵呢？我可不可以成為天底下最幸運的那個人啊!?

如果你仔細的觀察，或許會發現，好像某一個朋友或某一個人，就有那麼一種人，他們的運氣是特別好的，舉例來說，我們一起去彩券行買彩券，然後有一個人，他本來沒有要買的，大家慫恿他買，因為這樣，才勉強的、應景的隨便買了幾張，根本不當一回事，而我們買的彩券，是經過統計分析、求神拜佛、睡覺做夢，各種科學的、不科學的都用上，把號碼都算好了，信心滿滿一定會中獎才刻意去買的，一開獎，連普獎都不中，然後那個被勉強的人，可能中了二獎，就是這麼不經意。公司年終摸彩抽獎，中大獎的又是他；各種各樣的好處，各式各樣的幸運，百貨公司最大福袋、幸運大禮包，開車不用找車位、工作升官又發財，股票、房地產、事業、項目，隨便投資隨便賺，你身邊有沒有這樣的朋友呢？

原來，在這個世界上，有人運氣特別好，也有人運氣特別不好，不管是運氣好的，還是運氣不好的，接下來我想講一個方法，運氣好的人做了運氣會更好，運氣不好的人做了，立刻扭轉命運，變成運氣好的人，這個方法很簡單，我已經驗證過方法輕鬆易做，效果確實明顯，這個方法就是唸一段咒語，有事沒事就唸唸，「All money back me home」。All money back me home，是什麼意思呢？「All」是全部，「money」是錢，「back me home」是回到我家，合起來，「所有的錢回到我家，回到你的口袋」，因此，如果你想讓運氣變得更好，你就唸「All money back me home」，如果你的運氣不好，從今天開始，扭轉命運的方法，唸「All money back me home」。

講到這邊，一定有人會覺得這根本是在忽悠，我很誠實的跟各位講，一開始我也不相信這些東西的，我不想宣傳封建、迷信的思想，我也沒有勸你要信這個教、拜那個神，但是我確實發現一個現象，世界上成功的人，特別是那些成功的企業家、公司CEO、高階經理人、政府高官、政要，幾乎都是有信仰的人，不管他是信西方的耶穌基督宗教，東方的道教、佛教，甚至其他像回教、印度教、猶太教等的宗教，這些成功的人士幾乎都是信徒、都很虔誠。我們這一本書是在講財商，不是在傳教，請大家心理不要有排斥的想法，我們單純就事論事，用現象來解釋。原來，所有的宗教都是勸人為善，這樣一來，起心動念就會是正向的、是對的、是好的，信息場、磁場也將會是純淨的、良善的，有神佛護持，運氣變好，也是理所當然的，這個英文的「All money back me home」，所有好運財富到我家，也是佛教的一個咒，叫「大明咒」，從梵語音譯過來，唸做「唵嘛呢叭咪吽」，跟英文All money back me home，唸起來是幾乎一樣的發音。大明咒是大慈大悲觀世音菩薩，特別給一切諸菩薩的慈悲與加持，它是來自於梵文：唵（ōng）嘛（mā）呢（nī）叭（bēi）咪（mēi）吽（hòng）。

有一本書叫做《祕密》，特別提到創造幸運的方法，邁向成功跟有錢的《祕密》，《吸引力法則》，我們腦袋裡面想的事情，不管好的、壞的，都會轉換成一種「波」，由這個「波」產生振動跟頻率，以無數種形式發送出去，當老天爺收到這些訊號，也會反饋回來，呼應我們的想法或請求，所以發生在我們身上的每一件事情，都跟我們思緒所產生的震動頻率有關聯，當你內在的情緒平靜時，反應出的就是當時的平靜頻率，如果你內在的情緒是波動的，反應出來的就是波動的頻率，通過腦波發射出的意念，一旦發射出去，經過一段時間，就會再折射回來，於是就「心想事成」。

祕密這本書的作者告訴我們，當你向老天爺下訂單，祂收到訂單後，會給你回覆，下訂單的方法有三個步驟：

第一步、具體！明確你想要向宇宙要求什麼！

先理清你自己的思緒，你想要什麼？清楚明白你心中想要的東西，把它寫下來、畫下來、列出來。舉例，今天我想要開一部好車，這樣子不夠明確，你要說我想要一部紅色C300賓士，我想要一部黑色寶馬525i，我要勞斯萊斯幻影等等，要具體明確，品牌、顏色、品名、款式、型號、金額等，當你能夠越具體，那麼老天爺就能夠更明確地收到你的訂單。

第二步、相信！你要真誠地、堅定的相信！

「信則靈、不信則零」，如果自己都不相信的話，那老天爺也不會相信，連自己都不相信自己的人，那誰會相信你呢？所以你要開始想像，並且相信你能擁有、甚至你已經擁有了。

第三步、接受！大方地接受宇宙的給予！

我們現在的一切都是過去思想的結果，我們心裡的狀態，腦中的想法，永遠都要預先將事情安排好，不論好、壞。可以的話，盡量將自己的思想，調成所謂的正思想、正能量，那麼你發出來的就是「正頻率」，而不是負思想、負能量，「負頻率」。

讓我們再回到大明咒、財神咒，所有好運財富到我家，到底我們唸這個有什麼好處呢？有以下十大利益：

1、得一切福德壽命等自在。
2、能得無境辯才。
3、會具有無比威猛力。
4、九十九竟伽河沙數如來、微尖數菩薩、三十二天天子

眾都會聚集；四大天王與四方護法、眾多龍王、藥叉神只護念此人，化除一切凶事，俾令諸事吉祥。

5、消除一切地水火風等世間災難。

6、除一切病痛、延年益壽。

7、去一切鬼魅妖魔等害。

8、歷代祖先皆得超生。

9、七世子孫也會受益。

10、若有人將大祕密咒六字箴言佩戴在身上，此身為金剛身，如舍利塔，也成世尊的種族。

姑且不論你信或不信宗教，只要你看到這上面所描述的好處，我相信應該沒有人會去反對吧！比如說，第6個利益，幫你「除去一切病痛、延年益壽」，健健康康還可以長壽，這種好事，需要反對嗎？這十大利益，可以幫我們化除一切兇事，讓我們諸事吉祥，應該沒有人會反對吧！所以說，唸「唵（ōng）嘛（mā）呢（nī）叭（bēi）咪（mēi）吽（hòng）」，有百利而無一害，沒事就唸唸，唸完之後，錢還會跟着來（All money back me home），心念變好、行為變好，行為變好、磁場變好，磁場變好、結果變好，一切向好，人生多好！

所以，運氣不好要怎麼改運呢？命運多舛要怎麼改命呢？老是賺不到錢，做什麼都不順心，家庭吵吵鬧鬧，事業亂七八糟，小人一堆，諸事不順，厄運隨身……，要多倒霉有多倒霉；不強迫你信宗教，不強迫你禱告、吃齋、打坐、唸佛，不用花大錢找老師改名，不需要用重金請大師批命，變幸運真的很簡單，念財神咒就可以了。

1、黃財神咒

修持黃財神法、持誦其密咒，可獲得黃財神庇佑，能增長福德、壽命、智能、物質及精上之受用，財源茂盛，免除貧窮。

「唵　贊巴拉　扎連達耶　梭哈」

2、白財神咒

修持白財神法門，可祛除貧病窮困之苦，消除罪業障礙，增上順緣，獲得受用無慮，屬無財信士起修之念此咒者，必須常常布施不計回報，照顧貧苦大眾，自然如願相應成就。

「唵　貝瑪　卓達　阿里呀　針巴拉　司達呀　吽呸」

3、紅財神咒

紅財神，有能招聚人、財、食，諸受用自在富饒之功德。修習紅財神法，持誦念咒，可獲得紅財神護佑，財源茂盛，能免除窮困及一切經濟困境。若是赤貧者，也可獲得食物充足的利益。

「嗡　藏　巴拉　藏鍊札呀　達拿美迪　捨依梭哈」

4、黑財神咒

這個咒語和窮人，下層社會，獨居之者易於相應，若心中長存善念，黑財神加持將是永遠不退失。

「唵　英乍尼　木看　乍瑪利　梭哈」

5、綠財神咒

令一切作為成功、圓滿，淨化惡運、障礙，於諸眾生受用富饒增長。

「嗡　藏（zang）巴拉　藏煉札呀　梭哈」

6、財寶天王心咒

財寶天王職掌人世間功德與福報之轉化，散發人間財富，護持佛法，消除魔障之挑戰，淨化天人成就大光明境地，修持此法將可立得福報。

「嗡　貝夏哇那也　梭哈」

如果你覺得唸以上這些咒語很麻煩，最簡單的方式，沒事唸唸「唵（ōng）嘛（mā）呢（nī）叭（bēi）咪（mēi）吽（hòng）」，All money back me home，效果一樣不差，保證有效，特別幸運。

有一天有一個師父，帶著他的小沙彌徒弟，到深山裡面一個偏僻的村莊弘法，村長讓人敲鑼打鼓把村民召集起來，村民非常的熱情，都跑來聽大師弘法，大師一開口，不到五分鐘，村民已經睡成一片，大師一看，這樣不行，索性不講了，把所有人叫醒，為了讓大家相信佛法無邊，神通廣大，叫村長去拿一個碗，碗裡面放一把豆子，碗就放在桌子上，不一會兒功夫，大師開始對着碗念念有詞，唸什麼呢？唸六字大明咒，「唵嘛呢叭咪吽」，不停、不停地唸著咒語，隨着大師，一聲一聲的加持，一聲一聲的唸，「唵嘛呢叭咪吽」，碗裡的豆子像水舞一樣，一顆一顆不停地跳起來，有的都跳到天花板才掉下來，看的村民目瞪口呆，服服貼貼，大師告訴大家，你們大家回去就按照這個方式好好修行，可以順順利利，平平安安，得到庇佑，還可以結交好運，穀物豐收。

村民回去之後，家家戶戶、老老少少，農忙之餘，每一個人都拿著一碗豆子，「唵嘛呢叭咪吽」，不停地唸起來，一個月後，幾乎已經沒有人在做這件事，除了一個老奶奶，因為她已經做習慣了，每天沒唸它幾句，心裡特別不踏實，唵嘛呢叭咪「牛」，她這樣一句一句的唸著，豆子開始跳了，雖然不是跳得很高，總還是有動靜。有一天，村長過來他們家泡茶閒聊，聽到奶奶把咒語念錯，最後一個字唸成「牛」，出於好心，村長告訴奶奶正確的唸法，「吽」應該唸「轟」的音，奶奶改正過來，從此豆子都不跳了，老奶奶很苦惱，想幫家人祈福，豆子如果不跳了，那唸這個豈不白搭，邊唸邊懷疑，越唸越沒信心，滿腦子開始胡思亂想，甚至考慮乾脆放棄別唸了！大師再次回到村子，奶奶第一時間衝上前問明緣由，大師說，唸什麼音都行，只要你心存善念、真心相信、心無雜念、心無旁騖，不胡思亂想，真心祈求，專注的去念，不管是唵嘛呢叭咪「吽」、「牛」，中文、梵文、甚至其他方言，別國語言（英文），什麼語都可以，虔誠就會感動天地神明，祂會給你庇佑！

唵（ōng）嘛（mā）呢（nī）叭（bēi）咪（mēi）吽（hòng）

All money back me home

祝福大家順心如意，喜樂平安，好運連連！

第六章

價值才是決定價格的關鍵

經常有很多學員來問我：「怎麼樣才可以賺很多錢，成為有錢人？」我回問：「你現在一個月賺多少錢？你想要賺多少錢？」有些人一個月賺三萬、五萬，好一點的可以賺十萬、二十萬，大部分賺到錢的人，不會來問我這個問題，問這個問題的，都是還沒有賺到錢的。

很多朋友都去逛過賣場，特別是美妝店、量販店，或是大型賣場，促銷的時候，商品的貨架上都會有一個標示牌，寫著這個商品原價多少錢，現在特惠價多少錢，大家應該都有這樣的經驗和印象。我想問大家，這些商品值多少錢是怎麼被決定的？第二個問題，各位有沒有想過，「你」值多少錢呢？

美國行銷專家西維亞羅斯曾經說過一句話：「一個好的銷售員，通常銷售的並不是產品的本身，銷售的是產品的價值。我要你去銷售產品的價值，產品的價格才能夠被提升；如果你是專注在銷售產品的本身的話，當然產品的價格肯定不會變的很好。」我們在追求財富的過程當中，我發現很多人把努力的方向搞錯了，很多人在努力的提升自己的「價格」，而不是提升自己的「價值」，與其說想要讓自己變有錢，不如先想辦法讓自己變成有價值，「值錢」才是最重要的。

某天，有一名小和尚問他的師父；「師父，我人生最大的價值是什麼呢？」師父沉思了一會兒，「你從我書房的架子上，隨便拿一顆石頭出來，然後把這顆石頭拿到菜市場去賣，如果有人問你價錢，你不要講話，只要伸出一根手指；假如他跟你殺價，你不要賣，把石頭抱回來。到時候師父會告訴你，你人生的價值是什麼。」

於是，小和尚到了師父的書房挑選了一顆他抱得動的石頭，第二天一大早，他趕忙的把石頭抱到菜市場去賣。他在人來人往的菜市場擺了一顆石頭，很多人很好奇，聚集起來圍觀。終於，有一位大嬸走過來，一眼就看到小和尚在賣石頭。她說：「小師父啊，你是不是要賣石頭啊？這顆石頭賣多少錢呢？」小和尚想起了師父的叮囑，一句話都沒有說，只伸出了一根手指。大嬸一看「一塊錢嗎？」小和尚搖搖頭。大嬸說：「那就是十塊錢囉？沒問題！我這裡有十塊錢，這顆石頭賣給我吧。」

小和尚回到寺廟，樂呵呵的告訴師父：「師父！今天您讓我搬了一顆石頭去菜市場賣。真的好奇怪哦，有一位大嬸說，她要用十塊錢跟我買那顆石頭！這種石頭我們山裡多的是啊！居然有人願意花十塊錢買！師父，您能不能告訴我，我人生最大的價值是什麼了呢？」師父說：「不急，你明天一早依然把石頭搬到山下去賣，不過這次你改到博物館，如果有人問你價錢，你一樣伸出一根手指；如果他殺價，你不要賣，抱回來，師父再告訴你。」

好不容易等到了天亮，小和尚興沖沖的把石頭抱到山下的博物館，就在博物館裡面坐著。經過的人們看看小和尚，再看看那顆石頭，一群人圍觀了起來：「哎呀！這裡怎麼有一個小和尚在賣石頭呢？這顆石頭能出現在博物館，一定價值不凡！」一堆人竊竊私語。突然有個人衝出來：「小師父，你是不是想要賣這顆石頭？這顆石頭要賣多少錢呢？」小和尚想起師父的叮囑，於是他伸出了一根手指頭；這個人說：「你想賣一百塊錢嗎？」小和尚搖搖頭。這人接著說：「那就是要賣一千塊囉？好吧！你這石頭用一千塊賣給我囉！」

小和尚當然沒有賣這個石頭，他直接把石頭搬回山上。在路上的時候，他覺得非常奇怪，昨天這顆石頭，在菜市場只有值十塊錢；今天居然有人願意用一千塊錢跟我買這個石頭！一回到寺廟，他迫不及待的跟師父說：「師父！為什麼明明是一樣的石頭，昨天十塊錢，今天卻有人願意用一千塊跟我買呢？您能不能告訴我人生最大的價值是什麼了呢？師父啊，您別再賣關子了！」師父還是說：「別急。你明天再把這顆石頭搬到山下的一個古董的市集，你一樣把這顆石頭擱在那裡，看看會發生什麼事情。」

第三天，小和尚一大早就按照師傅的叮囑，把這顆石頭搬下山，找到古董市集裡的一間看起來生意特別興隆、人來人往的古董店，他就在那裡擺起他的石頭，過了不久，有一群人圍了過來：「哎呀！這是什麼石頭啊？是什麼年代的？是哪裡出土的？是什麼來歷呀？有沒有什麼達官貴人的故事啊？」突然有個人說：「小師父，你是不是要賣石頭啊？這石頭要賣多少錢呢？」小和尚依然伸出一根手指頭。這人說：「你要賣一萬塊錢嗎？」小和尚睜大眼睛，忍不住驚訝地「啊！」了一聲。那個人以為自己價錢開低了，他說：「不對，我說錯了，是十萬塊錢。」

小和尚再也按捺不住了，他抱著石頭半跳半跑的回山上去，跟師父說：師父！不得了啦！今天這顆石頭居然值十萬塊錢啊！我們山裡有的是這種石頭啊！我們發財啦！師父，您可以告訴我，我人生最大的價值是什麼了嗎？」師父慈愛的摸摸小和尚的頭，說：「孩子啊！你人生最大的價值呢，就好像這個石頭一樣。如果你把自己擺在菜市場，那麼你值十塊、一百塊；如果擺在博物館，你值一百、一千；如果擺在古董店，那麼你值一萬、十萬，甚至百萬。所以，你人生的價值，取決於你把自己擺在什麼地方。」

人的一生中，所有可以賺到的錢，都是取決於你把自己擺放在什麼樣的位置，還有在什麼樣的平台，不同的位置跟平台，可以創造出不同的價值，在你努力追求與創造財富的過程中，提升自己的價值才是關鍵。「估值」是衡量你價值的指標，你值多少錢的砝碼。跟「一顆石頭」故事一樣道理的，在我們人生中也真實存在，它叫做「貿易」，什麼是貿易呢？也就是通過運輸，把在甲地的產品運到乙地去賣，叫做貿易。舉例，我們把浙江的絲綢運到歐洲去，本來絲綢在本地可能一碼布才十塊錢，但是賣到歐洲後，可能就值一百塊錢、一千塊錢。所以在我們生命中，想提升財富有兩個方向，一種叫做「創造價值」，一種叫做「提升價值」。「創造價值」就是無中生有，把這個東西從「無」當中把它生出來、創作出來；另外一種，是把價值提升上來。舉例，投資客買房後，會對房子進行整修、裝修，配上家電、傢俬，這樣一來，想買房的人來看房子就會很喜歡，房子的價值就被提升了起來。

一個人在公司上班，他的薪水、收入是怎麼被決定的？有人會說，這取決於他在公司投入多少的時間、付出多少的代價，事實上，真正的關鍵在於他能為公司創造多少價值，帶來多少營收，如果他可以為公司賺很多錢，這個人就會被提升，就會被加薪；如果不能的話，他可能就會被公司裁員、減薪。所以很多人在中年的時候失業了，為什麼呢？因為這個人可能在工作的生涯中，忽略了一件事情：「要不停的去提升自己的價值，以維持自己相對應的價格。」

所以我們發現很多的公司，當經濟蕭條或經營困難，要面臨到裁員的選項時，首先可能會裁掉的，就是那些薪水最高的人。如果薪水最高的人又是最沒有價值的，毫無疑問，老闆一定第一個砍掉他；但如果他今天薪水最高，也可以為公司創造很多的價值，那當然他是不會被裁掉的。話說回來，各位就能明白，如果你沒有僱主，在人生當中你是自己的老闆，那麼你覺得你能夠為自己創造多少的價值、多少的營收和收益呢？如果你可以為自己不停的創造與提升價值，不停的為你的人生、公司帶來很多增長的收益，你早晚一定會變成有錢人，套一句俗語叫做「是金子終究會發光的。」

世界上大家公認的股神巴菲特，關於他的價值投資理

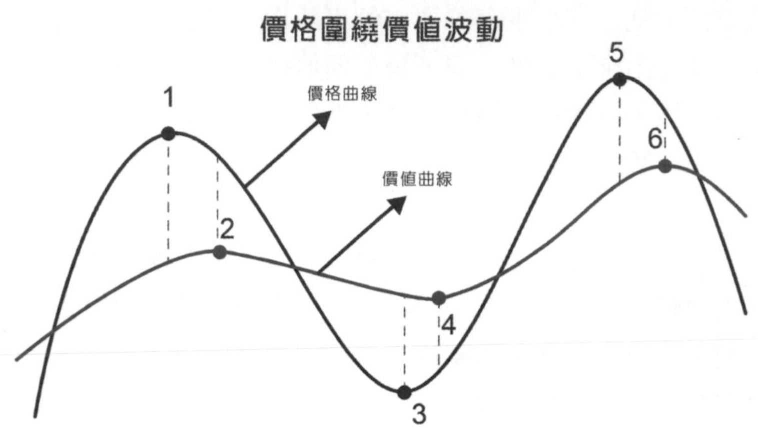

念，他曾說過一段名言：「你付出的是價格，但你收獲的是價值。」我們知道如果今天做為投資人，在付出價格前，會評估這個商品的價值。商品的價格和價值到底有什麼關係呢？看到上面這張「價格與價值的波動曲線」，我們發現，所有東西的價格都是繞著價值在走。再說一遍，是價格繞著價值曲線在走，不是價值圍著價格在改變。所以，真正的關鍵核心點是在價值，而不是價格。

在價格繞著價值曲線走的過程中，會出現兩種情形：一種是「價格的高估」，一種是「價格的低估」，而價值始終是沒有改變的，各位明白嗎？也就是你如果值多少錢，你就至少值這麼多錢，只是放在不同的平台、不同的環境、不同的地方。真正決定價格的因素是會波動的，因為地方的不同，產地季節的不同，數量不同，競爭的強弱與替代選項的有無，會決定這個東西的價格，但是價值是不變的。所以當價格繞著價值走的時候，會出現兩種狀況，一種是「價格的高估」，一種是「價格的低估」。因此，在我們的生命中，一定會有高峰、會有低谷，會有有錢的時候，會有沒錢的時候，不要去在乎短期價格的波動，當你的價格被低估了，有一天時候到了，價格就會升到合理的價錢；當你的價格被高估、不值那個錢，不改變、不學習、不成長，沒有保持一定的競爭力跟持續創收，溢出的價格就會收斂，被打回原形。

價值的公式中，真正的價值分成兩個部分，第一個部分是實際的價值；第二個部分是外部的溢價，或是外部的減價。價值本身是不會被減損的，因此，最終一個人或一個商品的價值是怎麼被決定的呢？是「價值」等於「實際的價值」加上「外部的溢價」，或減掉「外部的減價」。那麼，在創造財富的過程中，我們要做的就是努力的創造及提升自己的價值，同時要讓我們的外部減價變成外部溢價。

用冰山的模型來解釋箇中的道理，大家就會明白了，我們看到浮在水面上的冰山，通常只是冰山的一角，這一角約占整個冰山的體積，大概只有10%～30%；因此，一般外顯的價值，就如同在海平面以之上的冰山，叫做知識和技能，可是海平面以下，有更大一部分，大約70%，叫做能力和天賦。在「價值」開發的過程中，「能力」、「天賦」能不能被轉化成「知識」、「技能」，攸關到個體能不能邁向成功、積累致富；是成功的人、有成就的人、有錢的人拉開與普通的人、平凡的人、沒錢的人的距離的關鍵。當你能夠把

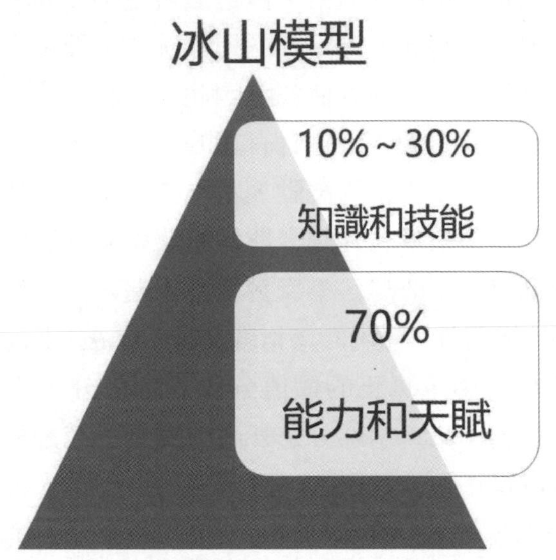

你的能力、天賦轉化成知識和技能的時候，在過程中，你可以無中生有的去創造價值，或是提升價值，也就是你能夠把自己發揮到極限，接著價值就會被創造了、被提升了，當然你的價格就會被提升了，價格被提升，你賺的錢就會增加，你會從三萬變成五萬、十萬，甚至百萬、千萬，都有可能，所以你將會成為有錢人，因此成功的人之所以成功，原因都是他們專注於創造或提升價值，而不是在於喊價、殺價。

因為人的眼睛是向外看的，人們很少往內看到自己內存的價值，只看到我們外顯的價格。如果今天你是賣場的商品，你被放在貨架上，現在給你一張空白的標示卡，請把你這一輩子值多少錢標上去，那麼你會把自己標多少錢呢？

這是一個很有意義的問題，過去很多人來問我要怎麼樣才能賺到錢，通常我會反問：「你想要賺多少錢？」很多人的回答是「越多越好」，這是非常籠統、模糊的。如果你想要成為有錢人，帶著家人過上優渥的生活，擁有財富自由，享受愜意人生，要多少錢才可以實現你所有的夢想？要賺多少錢你才認為足夠呢？請你填上這個價錢，同時，也請你檢視自己有沒有這個價值，如果你把自己賣出去，有沒有人願意買單？

卡內基是美國一個非常成功的企業家，相信很多人都聽過他的名字，在他小時候，有一個朋友送了他們家一隻很可愛的兔子，小卡內基非常喜歡這隻兔子，跟牠玩得很開心。玩了一天以後，媽媽跟小卡內基說：「卡內基啊，兔子還是要還給別人哦，我們家不能養兔子哦。」小卡內基很沮喪、很難過：「為什麼我們不能養兔子呢？」媽媽說：「如果要養兔子，兔子要吃要喝啊，還會大便和尿尿，這些臭烘烘的事誰來管呢？如果這些事情你不管的話，當然兔子不能留下來呀。」小卡內基跟媽媽說：「我想要把兔子留下來！這個我來解決，我來處理。」

媽媽說：「那你要承諾會把兔子養好哦，而且你要把兔子窩打掃乾淨。」於是小卡內基接受了這個任務，他每天放學之後去拔草，回到家就整理、打掃兔子窩；三個月之後，兔子要生小兔子了。原來，當時朋友把兔子送給他們的時候，兔子已經懷孕了，而且一生就生了十幾隻小兔子。一開始，只有一隻兔子，現在有十幾隻，所以小卡內基每天的工作更繁重了，要拔更多的草，要花更多的時間整理兔窩，小卡內基開始覺得有點手忙腳亂了。經過了一、兩個月，他想著，這樣下去不是辦法，能不能用個方式讓同學也一起來養兔子呢？

他左思右想，如果讓別人來幫忙養，別人是不會有興趣的，就算有興趣，也就是幫忙個幾天而已。於是小卡內基有了一個很天才的想法，他跟同學們說：「我家的兔媽媽生了好多兔寶寶哦！你們想不想來看？」小朋友們聽到有可愛的兔子，當然都願意到卡內家去玩。小卡內基接著說：「你們來的時候不能空手呀，要讓兔子喜歡你們，所以你們要帶禮物！」「帶什麼禮物呢？」「要帶兔子喜歡的新鮮的青菜、紅蘿蔔、青草來看兔子！」於是同學們高高興興的帶著要給兔寶寶的禮物—新鮮的青草、紅蘿蔔和青菜，到卡內基家看兔子，大家跟兔子玩得非常開心愉快。

透過這個方法，小卡內基解決了兔子的飼料問題，接著他又開始動腦筋，能不能讓大家一起來幫他打掃兔子的窩呢？問了一圈，大家都不願意幹這種髒活，於是小卡內基又想了一個辦法，他說：「你們要不要認養兔子呢？如果你們願意的話，每一個人可以認養一隻兔子。你們可以幫兔子命名，我會做成名牌掛在兔子的脖子上。但有一個交換的條件，因為你幫這隻兔子取了名字，就是你的兔子，只是放我這裡代管、代養，你們除了要帶食物來，來的時候也要幫忙清掃糞便，清掃兔子窩。」同學們都覺得有道理，大家都配合了。

於是，聰明的小卡內基找了一堆小朋友幫他免費餵養兔子、免費打掃兔子窩。養了幾個月，開始有些同學說，不行，我沒有興趣了、我不去了、我要寫功課、我要幫家人跑腿，種種的原因，於是小卡內基又做了一項規定「如果你三天沒來看你的兔子，我就把你的兔子的名字換掉」，大家一想，哎呀！兔子的名字被換掉了，那就不是我的兔子了，很捨不得；於是同學們就算自己來不了，也會請其他同學幫忙把青草和青菜交給小卡內基；大家輪流去照顧兔子，同時幫忙打掃兔子窩。這就是聰明的卡內基，他從小就發揮了過人的天賦。

卡內基在養兔子的過程當中，本來只有他一個人在養；後來兔子生了好多的小兔子，他希望很多人來幫他，他本來一無所有，可是他創造了一個東西，叫做「情感的價值」，他找了一堆人跟可愛的兔子做了連結。透過情感的價值，小同學們願意付出時間和精力，跟卡內基一起把兔子養好。在我們的生命中，你要盡量想辦法去無中生有，去創造價值，讓人們跟你產生鏈接；同時透過別人的資源、透過別人的時間、透過別人的知識技能、透過別人的努力和付出，你跟他們產生的連接、聯繫，一起創造集體的價值，提升集體的價格，這就是終極的解決之道。當你除了能夠提升創造自己的價值之外，又能夠利用別人的價值，那你這一輩子想要沒有錢都很困難，富貴直接會逼你而來。因此，你要時時檢視自己核心的價值，你值多少錢？並且想辦法透過自己的價值，與別人的價值做鏈接，提升自己的整體的價格。

以前臉書FB剛出來的時候，有一個非常火的遊戲，叫「開心農場」，開心農場是每人有一塊地，你可以在上面種菜、養雞、養鴨；然後你的朋友每天上線會來偷你的雞、偷你的鴨、偷你的菜等等。現實中也有人很聰明，他把土地切割成好幾塊小單元，讓住在都市裡的人來認養，可以在這塊土地上種菜、養雞、養鴨，幹嘛都行，過了一陣子，這些城裡的人一定會說：「哎呀！我沒有時間來照顧我的菜、沒有時間照顧我的雞和鴨！」這時開心農場的1.0版，就會升級成2.0，你沒有空來，那我幫你照顧菜圃、田園，我幫你養雞、養鴨，你付我租金，你只要過來收成就可以啦！甚至到3.0版，你連過來都不用過來，我把菜收成後直接寄到你家去，你把錢匯過來就可以啦！從一無所有，創造了無中生有的價值，把自己的價值與別人的價值產生鏈接，同時也提升了價格，創造了更多的收益跟獲利，這就是「提升價值才是提升價格的關鍵」。

第七章 滾動的錢潮

俗話說：「男怕入錯行，女怕嫁錯郎」，做為男生，最怕的就是選擇錯誤的行業；做為女生，最怕的就是嫁錯老公啦！如果對於未來的發展與趨勢，欠缺精準的預測與判斷，在人生這條道路上，走起來可能會顛簸踉蹌，因此，選擇對的方向，走在對的軌道上，至關重要，特別是想創富、致富的人，一定要抓住錢潮。

每一年的農曆八月十五，在杭州錢塘江口有件盛事，也就是著名的錢塘潮。錢塘潮是從古代以來就非常有名的歷史盛事，農曆八月十五那一天，錢塘江會漲到最滿潮，浪差最大，浪峰最高；在那個時候，人們會齊聚在杭州的錢塘江口去觀看錢塘潮。人的一生對於財富的追求，其實也像在追逐錢塘潮一樣，如果你能夠在最準確的時間點，觀察到、抓到錢潮湧動，那你就成功了。

有很多的學員問我：「寶哥，我從事的這個行業、做的這份工作，能不能賺到錢？需不需要換？要怎麼樣才能夠賺到錢？」我想給大家一個中肯的建議，如果你是未滿30歲，還沒確定人生的志向，喜歡做什麼、不喜歡做什麼，自己都還在探索，還在猶豫要選擇哪個行業，那你要選具有前瞻性、錢潮湧動、未來下個世代最多錢聚集的行業、比如5G、

AI、IoT、智慧電動車等。可是，如果你超過30歲，我建議你盡量不要再去變動你的行業了，你可以換工作，但不要換行業。

在30歲之前，你有很多的時間，可以充分的去思考，充分的探索自己的志向，和適合什麼樣的行業，最關鍵的是，如果你選擇的行業剛好也是大勢所趨，恭喜你！你的選擇是正確的！30歲之前，即使你的選擇一開始是錯誤的，你也可以馬上去改變選擇，直到你選擇到對的為止。30歲以後，你可能已經工作了十年左右，在相關行業上，已經有一些經驗、人脈的積累，這時候，不要輕易的去更換行業，要想辦法在這個行業中往上爬，讓自己出類拔萃，成為人中龍鳳，把自己的專業技能提升到最高、最強，不停的提升自己的價值。

我想起我剛從大學畢業之後，也經歷過一段迷茫的時期，當時，我也不知道該選擇什麼行業。由於我大學讀的是航運管理，也就是我們現在所稱的物流管理、運輸行業、海運、空運，這些行業。出社會之後，我想，我讀的是這個專業，所以我就選擇了物流業。二十年前的物流業和現在的物流業差異很大，各位想想，現在的物流業可能賺很多、很多的錢，可是在當年並不是這樣的狀況。我進到那家公司之後，抬頭一望，發現主任做了五年，薪水只有4萬多元，課長做了十年，薪水是6萬5千元，部長做超過二十年，薪水也才9萬多元，再上去還有副總，副總做了三十年，他的薪水我不知道，但估計也大概就是15萬左右，而要做到副總，第一個、年資一定要超過30年；第二個、要禿頭，因為副總頂上無毛、絕頂聰明。我這一輩子在這家公司估計是做不了副總的，因為我沒把握能不能一做三十年，何況還要禿頭。我左看、右看，左想、右想，一眼可以看穿我的三十年，各位可想而知，這個工作我當然做不下去啦！待了四個月之後，我辭職了，我要離職的那一天，在這個公司做了十年的課長，四十幾歲的大叔，淚眼汪汪的看著我，一路目送我離開，讓我非常的感動，但也非常揪心。

所以，能夠選擇對的行業，對我們這一生影響很大，非常非常的重要。當時我毅然決然的離開，並不是因為我不喜歡這間公司，或是跟我所學習的專業不吻合，而是我一眼可以看穿我十年、二十年，甚至三十年之後的結果。我不希望工作了三十年之後，我的月薪只有15萬，這不是我想要的人生。後來我明白一件事，如果想賺錢多一點，就必須去做業務，從那一刻起，我選擇了一條做行政人員以外，不一樣的道路，我開始學習銷售，做起了業務員，同時開始培養自己對於市場的敏感度，也發現了做行銷，對於公司的發展是相當的重要的，幾經探索，我終於找到了自己喜歡的路徑跟掙錢的方法。

在這一路的過程中，我始終都沒有改變的，就是一直從事營銷工作，同時不停的培養和提升自己的技能；我不只自己能做營銷，我還開始學習如何去做培訓。除了努力的讓自己變成最厲害的Top Sales、一流的頂尖銷售人員以外，我還可以有系統的教別人如何成為頂尖的銷售人員，可想而知，我的價值，在公司和市場上當然是水漲船高，因為我可以獨立作業，也可以帶團隊作戰，我是最拔尖的銷售員，同時也是最一流銷售人員的導師、教練。跟著蒼蠅會找到廁所，跟著蝴蝶會找到花朵，想多賺錢改善生活，一定要跟著錢走，想成功致富，要抓到錢潮往哪裡湧動。

如果三十歲之後，工作一直不順，選的行業還是夕陽產業，即便是這樣，你也只能換工作、換公司，但是不能輕易換行業、換產業，這時候，該怎麼做才可以賺到錢呢？其實很容易，你要開始學習投資理財，通過前期經驗的積累，要做好工作一點都不困難，把多出來的時間拿出來學習投資，做投資、做資產分配，人生斜槓，收入還是可以翻倍，直至財富自由。

21世紀，是一個非常有機會創富的世紀，本世紀賺錢的關鍵，就在於掌握趨勢和潮流；誰能夠提早掌握趨勢和潮流，誰就能夠超前部署、贏在未來。所以我們在投資的過程中經常講一句話：「方向對了，就不怕報酬變少。」贏的重點在於選擇對的方向，跟把方向做對。

「趨勢」，是現在已經發生，將來勢必會大流行，叫做趨勢。現在你能夠精準掌握未來的趨勢嗎？我想，肯定會有些人說可以，而大部分的人肯定是不行的，為什麼？因為要判斷趨勢和未來是相當不容易的。大部分說自己能夠判斷趨勢和未來的人，基本上有50％以上都是吹牛、都是猜的、矇的，因為誰對未來都沒有個準。但是，未來趨勢難道不能被預測嗎？其實還是有跡可循的，這個「有跡可循」從哪來呢？當然是從歷史的演進來的。

錢潮如何湧動？
工業→商業→服務業→科技業→金融業

工業發展過程
1.0：1776年蒸汽機時代
2.0：1802年電氣時代
3.0：1859年內燃機時代

我們如何去抓準未來的趨勢和潮流呢？我們來看看錢潮到底是如何湧動的，「錢」過去在哪裡？未來會在哪裡呢？我們來做個猜測，要怎麼猜測呢？我們從過去來看錢潮湧動的狀況，錢潮湧動從工業跑到商業、到服務業、到科技業再跑到金融業去，所以各位，你會發現這些熱錢不停的在跑。什麼叫做從資金從工業開始跑到商業呢？我們回頭去看工業發展的進程，可以稍微略窺一斑。

工業發展的進程，從1.0時代也就是1776年時，有一個人叫做瓦特，他改良了蒸汽機，人類正式進入了蒸汽機的時代。蒸汽機時代對人類來說是一個劃時代的變革，號稱第一次的工業革命。因為在1776年之前，人類生產製造需要的動力，來自於人力、獸力、水力等自然發電；所以大部分的工廠，要不是靠人力，就是靠獸力，或者必須建在河流旁，透過水力來產生動力。透過蒸汽機的改良，人類的生產史正式進入了工業時代的進程。因為蒸汽機的發明，工廠再也不用蓋在河流旁、山坡上，也不用依靠人力和獸力；於是，迎來了大量生產。

接著工業2.0時代，也就是在1802年，人類正式進入電氣的時代。電氣時代的代表性發明，就是電燈以及電；同時也代表了機器的驅動進一步的進化。因為在蒸氣機時代，動力的來源是燃燒蒸汽取得動力；可是進到電力的時代，工廠不再需要用蒸汽機去取得動力，只要通上電，工廠就可以運行。所以從電氣時代開始變革，人類生產製造的工藝與文明又再一次的革新，速度也變快，慢慢的進入了生產自動化的時代。

工業第三個階段的變革在1859年，叫做內燃機時代。所謂的內燃機，就是我們所說的「引擎」；引擎有兩個特色，體積小和移動性高。在1859年，出現了內燃機之後，人們的工業文明又再次進化到3.0。所以。第一個工業文明、工業革命1.0是蒸汽機；第二代的工業革命，是因為電的發明和產生；第三個，是因為內燃機時代造成了運輸交通工具的變革，再次擴大了工業生產的影響力；這是工業發展的進程。如果當時能夠抓住這些工業發展進程的資本家，現在通常都已經是有錢人了。

商業發展進程（通路變革）

1.0：B2B2C—渠道時代

2.0：F2B2C—直銷時代

3.0：S2B2C—**電商時代**

4.0：S2C2C—**消費商時代**

從工業以後，錢跑了到商業。商業，我們就通路變革的概念來說，商業時代的變革發展進程，商業1.0時代叫做B2B2C，是什麼意思呢？就是透過代理商發貨給下游的經銷商，經銷商再發給零售商，最後把產品交到消費者手上；在那個時代，叫做「渠道、通路為王」的時代。

各位可以回憶一下，在我們小時候和長大的過程中，是不是通路決定了我們的採購行為和採購價格？由通路來決定售價？所以在1.0的時代，是「通路為王」的時代，工廠製造產品，但並不是工廠來決定產品的銷售和定價，而是通路來決定的。這是商業的1.0，叫做「渠道時代」。

從商業的1.0演化到商業的2.0時代，叫F2B2C。在那個時代產生了一個特殊的渠道改革，也就是所謂「直銷時代」的來臨。F就是工廠，工廠把生產的產品交給經銷商，經銷商再交給顧客，這就是直銷時代。從那一刻開始，有些工廠擺脫了通路的壓制，可以直接把貨賣給消費者，得利的當然是中間商以及最末端的消費者囉！這就是「直銷時代」的來臨。

接著商業繼續演進。當互聯網興起，數位化開始的時候，商業的發展過程又開始產生了一次的變化。我們從通路端來探討它的演進：它的變化就是S2B2C，從Supplier供應商，To B所謂的經銷商、商家，再把產品賣給消費者；我們可以理解成電商或微商時代的到來。所以第三個階段是S2B2C，電商時代。到了4.0是S2C2C，也就是我們現在正經歷的一個時代，叫做消費商的時代。供應商把產品賣給消費者，消費者即是消費商，消費商再把產品分享給其他的消費者，藉此成為中間獲取利益跟好處的人，也就是現在的商業4.0。

同樣的，各位可以發現在商業的演進中，誰能夠抓住商業演進的趨勢和潮流，誰就能夠在當中抓住下一波的錢潮。如果在1.0時代，你是經營通路的人，你可以賺到錢；在2.0時代，你是直銷的經銷商，你可以賺到錢；3.0時代，你是電商，你可以賺到錢；4.0時代，也就是現在，如果你是消費商，你仍然可以賺到錢。這也是從商業的演進史上，我們可以看到錢往哪裡去。

所以，如果你過去沒有抓到錢，沒有賺到錢，其中一個很大的原因就是，你跑得比錢慢，。怎麼樣才可以跑得比錢快呢？不是追著錢跑，而是在前頭把網子架起來，等錢跑過來的時候，把它擋起來、撈起來。

服務業發展進程

1.0：差異化

2.0：小眾化

3.0：加值化

4.0：個需化

從商業的通路變革當中，我們發現它的變革是從1.0到2.0、3.0、4.0。同時在商業業態的變革中，又切出了一個行業，叫做服務業。服務業的發展進程同樣從1.0開始，是「差異化」。舉例來說，大家都開雜貨店，每一家雜貨店可能到晚上八點、十點就打烊；可是有一家店，叫做便利商店，它是24小時不打烊的，它打出的是差異化的服務。到了晚上，大家都沒有地方買東西，就會去便利商店買東西囉！這就是1.0的服務業的進程。接著，2.0是「小眾化」。針對一群特殊的人，去滿足他們的需求，這就是小眾化。到了3.0，叫做「加值化」。

什麼是「加值化」呢？舉個例子，我們到髮廊剪頭髮，如果單純剪頭髮是三十塊錢；後來有另一家髮廊，剪頭髮一樣是三十塊錢，可是會先幫你洗頭、按摩，剪完頭髮，再幫你洗頭、做造型；這就是所謂的「加值化」。同樣的三十塊錢剪頭髮，你當然會去服務更好、更有價值的地方。知名火鍋店「海底撈」的服務除了差異化、小眾化，當然還有一個就是「加值化」，他們的服務特別的好，特別的令人感動，這就是服務3.0。到了服務4.0，叫做「個需化」，也就是滿足個人的需求。所以在這個時代，服務業也進化到了不同的層次。

在個需化服務業的時代中，4.0版本出現了什麼呢？舉例來說，出現了幫忙跑腿的行業。有一些人沒有時間，需要有人去幫忙辦些事情，或是買東西、幫忙排隊等等，就有因應而生的行業去解決他的問題，叫做「個需化」。也有一些人宅在家裡不想出門，想吃東西的時候怎麼辦呢？可以打開APP叫外送。當服務業進到了這個層次，就叫做「個需化」的時代。如果我們可以在這個過程中精準的掌握到服務的演變與變革，那麼，我們也可以精準的抓住錢潮的趨勢和潮流，不會被時代淘汰，同時可以賺到一筆錢。

科技發展進程

1.0：互聯網時代

2.0：移動互聯網時代

3.0：大數據時代

4.0：人工智能時代

5.0：物聯網時代

錢潮接著再往哪裡走呢？因應數據化時代的到來、互聯網的產生，產生了科技業。科技業發展的進程，在1.0叫做「互聯網時代」，透過PC互聯網進入了所謂的數位化時代；典型代表就是馬雲所創立的阿里巴巴。隨後就是2.0，「移動互聯網」的時代，通過手機做為渠道入口，這其中，賺大錢的其中之一，也就是大家所熟知的淘寶。到了3.0，是「大數據」的時代，透過大數據的分析，我們發現有很多的網站會主動推播，你可以發現，出現的資訊都是你喜歡的、關注的東西，廣告商可以精準投放廣告，品牌商可以更了解消費者的想法跟行為。

下一波互聯網的變革，是人工智能時代，也就是AI。透過大數據演算，電腦產生了人工智能；是這個時代比較特殊的產物，現在還在演進當中。像是機器人能夠思考；Apple手機有siri等等，透過把設備賦予人工智能，它開始透過演算而具備思考、邏輯推理的能力。到了5.0，下一個階段可能出現的是「物聯網時代」，配合五G頻段的到來，所有的東西都可能會連上數據化、連上網絡。

所以如果你想要成功，你想要致富，想要賺很多很多的錢，有一個前提是：你能不能精準的預判未來將要發生的事情。未來沒有頭緒無法判斷沒有關係，你可以從現在已經發生、將來肯定爆發大流行之中，去抓到潛在的下一波趨勢潮流，也就是錢潮湧動的去處，抓住了，就是下一個世代的贏家！你能賺的錢可能不僅只是百萬，可能會超過千萬，甚至是億萬！我們從這幾波的財富變革當中，看到了好多好多人在很短的時間內，完成了過去工業時代，商業時代，可能原本需要幾代人或是一輩子，才能積累的財富，被縮短成10～30年，甚至有人3～5年，就累積了普通人賺幾輩子才能賺到的財富。

我讀書的學校在海邊，叫做海洋大學，晴天的時候，可以從教室和宿舍看到非常漂亮的海，同時還有一些人在海邊釣魚。平常釣魚的人不多，忽然有一天，我發現堤防上人潮湧動，密密麻麻全都站滿了人，這個海邊本來沒有什麼人在釣魚的，怎麼忽然間有這麼多人跑來釣魚呢？我湊過去一看，發現一件事，哎喲！平常他們釣不到什麼魚，可是今天不太一樣，釣竿放下去，隨便放，隨便中啊！甚至有的人魚餌都已經沒了，只是把魚鉤放下去，再拉上來就是一條魚！我問了一下釣友，原來當天是所謂的魚汛來了。什麼是魚汛呢？就是大批大批的魚過來了，這叫魚汛；而當天的魚汛是白帶魚，也就是帶魚。我湊過去一看，發現當天釣魚的人全部收獲滿滿。

我問其中一個釣友，能不能把釣桶打開，讓我看一下釣了多少魚。我看了後著實嚇了一跳！哎呀！整個桶子是滿的！換做平常，桶子最多大概是一兩條魚而已。可是今天不一樣，他釣到滿滿的一桶魚，而且不止這些，因為還不停的在釣，而且非常非常容易的，就把魚釣上來了。在我讀書的時候，我沒有理解這到底是什麼意思，直到我出社會十年、二十年以後，當我開始學習、專注研究投資理財的時候，我才發現所謂的「魚汛」就是所謂的「錢潮」！所以當你要去釣魚的時候，當然要選在魚汛來的時候，當魚成群結隊來的時候，自然而然的，你就可以釣到魚。

在平常，就算是釣魚高手，也不太容易釣到魚；因為大海那麼大，魚會游到哪裡去，我們是不知道的。但當魚汛來的時候，哪怕你不是釣魚高手，就像我這種從來不釣魚的三腳貓功夫，隨便一根竹竿綁個釣繩、鉤子下去，都可以湊巧勾到兩條魚上來！這告訴我們一件事情：賺錢掌握錢潮，和釣魚掌握魚汛是一樣的道理。所以如果你覺得賺錢很辛苦，你覺得老是一直賺不到錢，有幾個原因讓我們共同來檢討一下：第一個，你是不是入錯行，選擇到一個沒有未來的前景的行業？如何才可以知道你是不是入錯行業呢？很簡單，你可以看一下你的主管、你的領導，他們的收入如何？如果你一眼可以看穿你的領導、上級的收入，在五年之後，他的收入多少？十年之後，他的收入多少？二十年之後，他的收入多少？如果他的收入是你期待的收入，恭喜你！你選對行業了！選對工作了！如果你一眼看穿了，而你發現：哎呀媽呀！我做了二十年，一個月可能賺不到幾萬，那這個行業、這個工作是不適合你的，這個行業是賺不到錢的。

掌握錢潮，才能掌握未來的財富方舟。

投資理財是讓你掌握錢潮最重要的概念，不管你喜不喜歡，不管你過去有沒有接觸，你應該讓自己每天有一到兩個小時來學習正確的理財觀、正確的財商觀，學習正確的技巧、方法，同時學習正確的資產配置，讓你能從工作中解脫出來，真正成為財富自由的人，過上愜意、快樂、幸福、美滿的人生。我們人，不是生來工作的，不是來做奴隸的，是來享受生活的、是來自我實現，是來行善、是來幫助別人的！

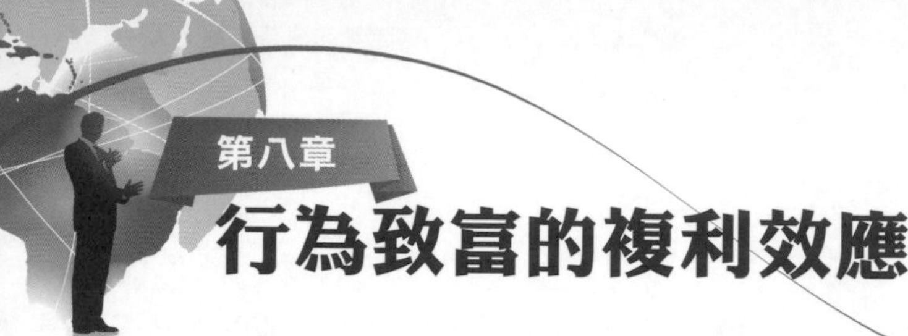

第八章
行為致富的複利效應

有一天，有位朋友來找我聊天，他本身是一個上班族，他告訴我：「寶哥！我現在扣掉我所有的花費，大概一個月可以存1萬元，我想要擁有一仟萬的現金儲蓄，我應該要怎麼做？」

聽到這個問題，我也想問各位，如果你是我，你會怎麼回答他呢？你會叫他死了這份心思嗎？還是你會鼓勵他？如何透過每個月存1萬，成為千萬富翁？我們用簡單的數學來算一下，如果一個月可以存1萬元，一年可以存12萬，十年可以存120萬，存1仟萬元要用84年，各位覺得這件事可能嗎？當下我們算完數之後，我的朋友非常的挫折難過，他覺得如果按照這種算法，那他一輩子都不可能擁有一仟萬的儲蓄。各位，到底有沒有方法可以讓我們一個月存1萬元，有一天存到一仟萬元呢？方法當然是有的，這也是本章節的主題，「行為致富的複利效應」，因為過去我們習慣用單利的思維，進入財富累積的過程當中，我們要開始適當的運用複利效應，讓時間站在我們這邊，成為我們的朋友，跟我們一起累積、倍增我們的財富。

我們來看一下什麼叫做複利效應。20世紀最偉大的科學家，愛因斯坦曾經說過，世界上最厲害的武器不是原子彈，而是時間加上複利。The most powerful force in the universe is compound interest。什麼意思呢？就是世界上比原子彈還要更有威力的東西，叫做複利。所以愛因斯坦說時間跟複利是人類、地球的第八奇蹟。

美國作家戴倫·哈迪曾經出版一本書叫做「複利效應」，通常大家認為是在財富的累積過程中，把錢存在銀行的一種利息計算方式，透過他的介紹，用六個步驟可以引爆收入，讓生活和各項成就倍速成長，他的書使我們學到了一件事情，原來複利效應不只是能夠用在金錢的儲蓄和財富的增值，其實對我們人生的改變也會非常的巨大。

複利效應不止是財富的積累，還有很多方面在我們人生中可以起到很多幫助和正面積極的作用，到了一個時間點，可以讓我們前面所積累的東西爆發和倍增。舉個例子，網路上流傳一張照片，有個用100元美金來點煙抽的人叫做李笑來，他當了七年的新東方英語老師，每天除了教學生英語，還堅持每天逼自己看兩個小時的書，到了2016年的12月，他在某個APP上架了一個專欄，分享他生命當中，每天用兩個小時讀書的經驗跟知識，這個專欄上線短短不到五個月的時間，賣了105866份，營業額超過1億台幣，當時李笑來自己也沒有想到有一天會發生這樣的事情，他只是一個每天堅持讀書兩小時的人。還有一個讓人跌破眼鏡的故事，這個人叫做雷海為，是一個外賣的小哥。他做了什麼事呢？他在中國的詩詞大會上居然擊敗了北大的碩士，成為年度冠軍。

雷海為到底是誰呢？他是一個非常非常平凡，平凡到不能再平凡的一個外賣小哥，哪怕他出現在你面前，你可能連看都不會看他一眼。他竟然能夠在中國詩詞大會上擊敗北大碩士，大家可能會覺得他背後一定付出很大的努力跟辛酸，這個不是一般人能夠做到的，一定是非常辛苦、懸梁刺股的苦讀才有今天的成就。記者問雷海為：「你每天的作息時間是怎麼安排的呢？怎麼會有這麼多時間背詩詞呢？」居然得出了這樣的答案。雷海為說：「每天不管工作和生活多麼忙碌，時間擠擠還是有的，送外賣其實是有很多零碎的時間，這些時間我就拿來背我隨身帶著的唐詩三百首，又比如在商家等取餐的時候，在路上等紅燈的時候，這些時間我都可以拿來反覆地背誦詩詞；下午兩點半到四點半，這段時間我回到住處換電瓶，吃過午飯也有一個多鐘頭的時間，剛好也可以背幾首詩詞。你看，不管我在等餐、等紅燈、回到住處換電瓶等待的時間，我都可以抓住時間背點詩詞。你說很辛苦嗎？我不覺得辛苦，因為我也沒有到挑燈夜戰的地步。」這就是複利效應。

除了財富、知識的累積會產生複利效應以外，只要你持續的去做一件事，做到超過一個時間點後，我們前面所做的事情，就會開始進行倍增。眾所周知的巴菲特，他的財富也是從50歲之後，才開始進入高速複利倍增的時代，同樣的道理，如果我們把這個複利效應，用在維持身體健康、養生鍛鍊上面，有沒有作用呢？有一個人連續40年，連基本的感冒都沒有，要做到這樣很難嗎？我是覺得很困難，因為我有過敏疾病、睡眠的困擾，各式各樣的慢性病，。相信很多朋友跟我一樣，經常為這些慢性病所苦，說起來不是大病，一下子也不會要人命，但是怎麼治都治不好，比如說高血壓、糖尿病等，每天光控制維持就很辛苦。

所以，40年完全不生病，連一個感冒都沒有，有沒有這樣的人？答案是有的！有位張全通先生，他是一位76歲的老人，跟絕大部分年已古稀的老人不一樣，他看起來不像70多歲，一身肌肉，雖然不是那種大塊頭，但是肌肉是很紮實的，沒有贅肉，更重要的是，他從30歲之後就再沒有生過病，連基本的感冒都沒有。他是怎麼做到的呢？他說：「我每天堅持慢跑兩公里，游泳半個小時，就算冬天也不例外。只要海水沒有結冰，再冷我都不怕！別人穿棉襖，我就穿一條泳褲往海裡跳下去。從31歲開始，堅持了46年。」透過堅持不懈的鍛煉，健康也產生了複利效應。如果你願意像這位張爺爺，你也這樣每天持續的去鍛煉，相信經過十年、二十年、三十年，你會看到巨大的差異。哪怕你沒有辦法像他這樣，每天跑兩個小時、冰天雪地的大冬天還下海去遊泳，沒有關係，只要你持續每天鍛煉30分鍾，一分的鍛煉就會得到一分的回報；但是它不是在明天馬上回報你，它在將來的某一天會出現複利效應的轉折點，將前面投入積累的都回報給你，讓你得到更大的倍增和收益。

除了上面這些之外，還有什麼可以產生複利效應呢？當然是有的。大家只會想到，錢存在銀行有複利效應。其實還有一種複利，就是把我們的人脈也當作是一種銀行的概念。

也就是說，把我們的人脈存在所謂的情感銀行裡。情感銀行要存什麼呢？當然是存好的情感。所以，今天你在情感銀行中，傷害了朋友的感情，傷害了人脈，你就像從情感銀行把錢取出來，你的錢、你的資產、你的人脈就會越來越稀少；相對的，如果你在情感銀行裡做了對的事情，讓你的朋友感覺很好，讓大家感覺很舒服，就像存了錢一樣，那麼你的情感銀行和人脈就會不停的增加、堆疊。

西方的一位人際關係大師，史蒂芬・傑姆，他提出了「微笑的原則」。什麼是微笑原則？要如何去做呢？他說：「每天早上上班的時候，對你所見到的每一個同事主動微笑；一年之後，會取得意想不到的效果。」我在年輕的時候也曾經做過這件事情，當時我剛出社會，從大學畢業進入一間公司，有一天，我被我的部門主管叫去訓斥，他說：「為什麼你每天上班都沒有笑容？好像每天來公司上班的路上都踩到狗大便！你有沒有照鏡子看看你臉上的表情，說有多臭就有多臭！你有沒有主動的跟別人打招呼？為什麼別的部門的人跟我說，你們這個新來的人很難相處？」當時我才剛出社會，主管跟我這樣說，其實我也是一頭霧水，甚至很氣憤！是誰去告我的狀？我到底招誰惹誰啦？我不過就是來上班領一份薪水！我容易嗎？但是後來，我接受了主管的勸諫和建議，我問：「主管，請您告訴我，我應該怎麼做？」他說：「接下來的每一天，你上班看到任何一個人，都要主動微笑、上前打招呼，跟他們道早安。」從那一天開始，我不管多累、多痛苦、多難過、心情多不好，只要一進公司我就立刻露出七顆半牙齒的微笑，就好像把它擠出來，再用膠水黏起來的那種感覺，做到見人就笑，親切的打招呼、問好、問安。

一開始，可能大家不熟悉、不認識我，本來前台的大美女對我非常冷淡，經過主管訓斥後，我持續每天只要經過前台，就跟她微笑、打招呼、道早安，過了一個禮拜，當我正要踏進公司，抬頭露出我那不是發自內心的，只是在演戲的僵硬的笑容時，像個機器人般道早安的當下，我驚訝地發現，前台那位冷冰冰的大美女，竟然抬頭看著我，主動對我微笑了，而且跟我說：「早安」。從那一天開始，我融化了，喜歡上了這種感覺。這也就是人脈效應的體現，所以，如果我們持續的去做一些好的事情，我們就會發現，不管是在知識上、在健康上、在人脈上、在人生的種種方面，不只是財富，這些東西都會不停地去累積；累積到某一天，它會給我們更大的回報！為什麼很多人沒有辦法堅持去做一件事，直到產生複利效應？有個關鍵，就是複利效應在產生效應之前，有一個臨界點，很多人等不到、沒有辦法熬到那個臨界點。

請看這張圖，就可以明白我說的複利曲線是什麼意思。一開始，如果我存100塊錢，透過複利每年倍增5%，第一年也才105塊錢，第二年由105塊錢開始，再經過5%的倍增，也不過是107.5塊錢，以此類推，真的是沒有感覺的。如果一年按照5%的利率來增長，前幾年你對這個錢幾乎是沒有感覺的；可是一旦到達臨界點，到達拐點的時候，就恐怖了。

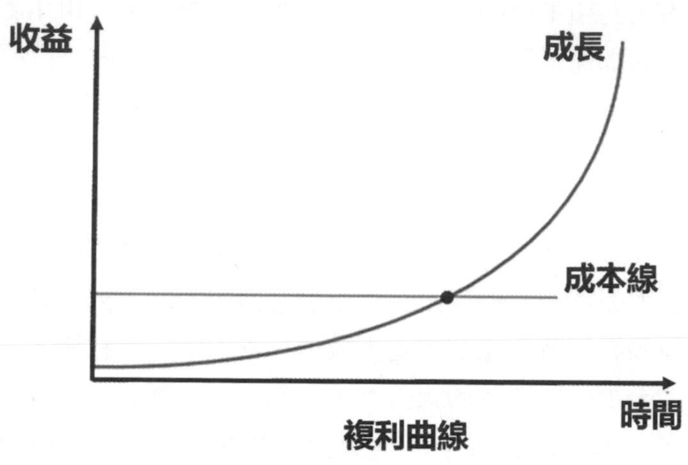

如果每年按照5%的複利效應來增長，第一年是1.05倍，第三年是1.15倍，到了第十年，是1.6倍的財富增長，第15年的時候是2倍，到20年是2.65倍，第30年是4.32倍，這樣你可能還沒有感覺，如果每一年的複利是20%的增長，會是什麼狀況呢？你的100塊錢在第二年會變成120塊，到第十年的時候會變成600塊，第十五年變成1500，也就是15倍，第20年是38.33倍，變成3800，到了第30年，這100塊錢會變成237倍，23700塊。如果你今天有1萬塊錢，經過30年的時間成長了237倍，會變成什麼概念呢？就會變成237萬，10萬會變成2370萬，有100萬，會變成2億3700萬。所以，各位還記得前面我的朋友跑來問我：「寶哥，

--	5%	10%	15%	20%	25%	30%	35%
第1年	1.05	1.1	1.15	1.2	1.25	1.3	1.35
第3年	1.1576	1.331	1.5209	1.728	1.9531	2.197	2.4604
第5年	1.2763	1.6105	1.9239	2.4883	3.0518	3.7129	4.4840
第10年	1.6289	2.5937	3.7014	6.1917	9.3132	13.786	20.1066
第15年	2.0789	4.1772	7.1212	15.407	28.4217	51.186	90.159
第20年	2.6532	6.7275	13.701	38.338	86.736	190.05	404.27
第30年	4.3219	17.449	26.359	237.38	807.80	2620	8128.5

如果我每個月存1萬元，要存到一仟萬要花多久的時間？」這個問題嗎？如果按照單利計算，要花84年，如果用複利來計算，那一定就不需要花那麼多時間。所以，我們對於一輩子的財富增長，一定要充分的把握和利用一個原則，就是讓我們的財富能夠不停的利滾利、錢滾錢，不然誰都沒有那個壽命，等到84年才能存到一仟萬。如果，你每個月存1萬元，一年可以存12萬元，按照複利來計算，假設這12萬塊錢做為本金，用每年年化報酬率20％來計算，到了第三年12萬會變成多少呢？207360元，到了第十年變1848842元，到第十五年會變成4600511元，到二十年是11447546元，超過1仟萬元。

為什麼大部分的人，沒有辦法獲取這麼大的利益和報酬呢？應該是我們前面所說的，大部分的人都沒有堅持等到所謂的「複利的拐點」，也就是「複利的臨界點」的出現。包括我們知識的累積、健康的累積、人脈的累積、生活上種種好習慣的累積，都是同樣的道理。很多人都只是三分鐘熱度，虎頭蛇尾，做一下，看不到結果就會放棄。如果，你能夠堅持不懈的去做，你就會成為財富上的巴菲特、健康上的張爺爺、背詩詞的外賣小哥。

很多朋友覺得成功是非常困難的。其實大家都不明白，成功是一點一滴的累積，是在你看不到的地方，慢慢的、一點一點的去累積，同時，超越自己，也超越別人。在日本，有一位校長，他提出了「1.01 vs 0.99法則」，也叫1.01法則，什麼是1.01法則呢？當我們把1.01乘上365天，也就是我們每一天堅持不懈，只多做、多成長那麼一點點，經過了一年365

1.01 的法則

$$1.01^{365} = 37.8$$

若是勤勉努力，最終會成為很大的力量

0.99 的法則

$$0.99^{365} = 0.03$$

相反地，若是稍微偷懶，終究會失去實力

天，會得到37.8倍的成長力道。你不要小看這一點點的1%！相反的，如果我們少做那百分之一會怎麼樣呢？用0.99做一年365天，結果是0.99的365次方，等於0.03。我們會發現，如果我們持續每天讓自己多成長一點、多進步一點，一年之後，我們會累積出來37.8倍的成就；相反的，我們每天少做一點，365天之後也會出現一個結果，只剩0.03的殘餘。舉例來說，如果你在公司上班，你多努力一分、多勤勞一分，一年之後老板看到你，會覺得你很有價值；多少的價值呢？多了37.8倍的價值。如果你每天都是打混摸魚，你就會在一年之後，成為0.03的存在，很可能就會被裁掉。

大家可能覺得，哎呀！這也沒有什麼差別啊，沒什麼了不起的，如果你看這張表，就會明白，假設你今天既不增長、也不減少，也就是你沒有為自己多累積、也沒有為自己扣分；一年之後的你，1乘以365次方仍然是1，沒有改變、不進不退。可是如果你每天做一點點、增加一點點、進步一點點，哪怕你就是多一點點的儲蓄、做一點點的好事、一點點的健康、多鍛煉那一分鐘、多一個微笑，365天之後，你會收取37.78倍的結果；剛剛我們說到，如果你沒有做這些好事，反而把它取出來，或去損壞、破壞，那就是0.99乘以365次方，會得到0.026，四捨五入，也就是將近0.03的概念，你的財富、健康、人緣、福氣，少掉好多，一年下來，來回之間，差了1259倍。

你說，這兩者之間有沒有什麼巨大的差別？其實差別還蠻大的，仔細來算一下，1.01乘以365次方是37.7834；同時0.99的365次方是0.0255；一年之後的結果會相差1482倍。親愛的朋友，1482倍是什麼概念呢？如果你每天為自己多做一件事、多存一塊錢；跟你每天多花一塊錢、多做一件錯事、多做一件壞事；一年之後，差異點就出現了，差在1482倍。如果用金錢來衡量，你一年之後跟人家的差別是1482塊；十塊錢會差多少？14820，100塊是148200。如果是1000元呢？如果是1萬元呢？如果是10萬元呢？如果是百萬元呢？人生的差距是不是會就此拉開？所以，我們發現一件事，這世界上的有錢人之所以會越來越有錢，是因為他們做的事情，在不停的累積財富，而且每天做的事情都是對的，對的機會可能比我們還多；而我們不停的犯錯，不停的扣分，他們能夠堅持做到複利產生，而我們還沒有做到複利產生的那一刻，我們就停懈下來了，因為我們看不到結果，就會自暴自棄。所以成功容不容易？我認為相當的容易，只要你每天進步一點點，只要你每天堅持為自己多賺一塊錢、多存一分一毫，都是進步、都是成長。

我們小時候都聽過龜兔賽跑的故事，當時我們都覺得，烏龜怎麼可能跑得贏兔子？我們發現兔子會耍小聰明，他覺得烏龜爬得那麼慢，他可以有大把的時間在樹下睡個午覺等烏龜慢慢爬，等他睡醒了再來跑，隨便都能跑贏烏龜。其實人生當中，財富也好、成功也好，各式各樣包括健康、人脈等等知識的累積都是龜兔賽跑的過程，如果你是比較聰明的人，恭喜你！你贏在起跑點，可是相對的我們發現，很多聰明的人並不一定有較好的成就，這叫「小時了了、大未必佳」；相反的，很多平凡的人，卻創作出了非凡的成就，比那些聰明的人擁有更大的功業，為什麼？我們發現這些大老板、大企業家、成功人士，可能在一開始並不是特別聰明，或者不是名校出身，可是他們在社會上的成就卻非常非常的厲害。到底原因是什麼？其中一個原因，還是龜兔賽跑，兔子太聰明了，在樹下打盹；烏龜呢，笨！慢慢爬！但是笨又怎麼樣？只要每一天多做一點、每一天做多一分、不停的累積；透過時間的積累與堆疊，我們會看到被拉開的巨大差異。

當我們能充分的明白，行為的複利效應和財富的複利效應之後，接下來我們要做的事情很簡單，就是每天堅持讓自己進步一點點、成長一點點、加分一點點。只要你朝著這個方向，不停地充實自己、並朝著對的方向邁進，就像資金的積累，在投資中透過複利的力量，持續累積加成，直到時間產生拐點的時候，你就會看見明顯的、大的差異。每天進步一點點的同時，也是一種精神，就像逆水行舟，不進則退一樣，通常都不是別人打敗我們，而是自己打敗自己，通常不是別人勸我們放棄，而是我們自己不能堅持；所以，每天進步一點點，也是一種態度，能夠持續的學習，這是你自己的習慣。只要每一天，我們能夠進步一點點、多存一點點、少花一點點；少破壞、少浪費一點點，經過五年、十年、二十年，你會發現收獲就在你眼前。我對這些事情深有同感，長期以來，我持續不停的希望能夠養成好的、正確的、良好的習慣，來造就我的複利效應，特別是我最近在學易經也好、學書法也好，就算我現在的書法像鬼畫符一樣，可是每一天，只要我持續堅持去練習，總有一天應該也會產生好的結果。

有一個池塘，上面長了很多的浮萍，農夫沒有去管它，結果，他發現浮萍每一天都比前一天倍數增長，第二天增加了一點點，第三天又增加了一點點，各位知道浮萍蓋滿整個池塘，需要幾天的時間嗎？農夫觀察之後發現，在第九天，浮萍只能覆蓋池塘的一半，但在第十天，浮萍就可以把整個池塘蓋滿！所以生命中財富的累積、所有行為的累積、人脈的累積、知識的累積，都是這樣的過程。在第九天之前你是看不到結果的，可是到第十天，一覺醒來的時候，你會發現整個池塘滿滿的全部都是浮萍；這就是時間的神奇，這就是複利效應，這就是愛因斯坦說的世界的八大奇蹟，比原子彈還具有威力的東西！

第九章 有錢的習慣

有些人很好奇：「人一輩子的命運，到底是怎麼被形成的？」從心理學的觀點、成功學的角度來說，人的命運是怎麼被決定的呢？一開始，是一個人的價值會影響到他的價值觀，價值觀會影響他的判斷，判斷會影響他的情緒、情緒影響行為，行為造就習慣，習慣決定了命運，所以「習慣」，對我們這一輩子來說，相當的重要。

我很清楚的記得，小時候是如何養成自主學習的習慣，講起來好像很高尚，其實並沒有，原因是因為，每天要上學的時候，才發現昨天老師交代的功課還沒寫，臨去到學校，進了教室，老師說：「同學們開始交功課。」大家都交了功課，我往書包一摸、一拿，心特別的虛。為什麼呢？因為我沒有寫功課。各位，在那個年代是可以體罰的，老師拿了一根長長的藤條，那根棍子估計比我身高都還要長，老師每一次都惡狠狠的打屁股、打手心，而且不只這樣，打完手心、屁股之後，他還沒放過你，要把功課寫完才可以回家，補寫功課還不是讓你舒舒服服的坐在椅子上寫，而是要拿着課本、作業本去跪在講台上面寫，寫完了才能走！每一天重覆著這種地獄般的小學生生活，直到有一天，我覺得非常非常的痛苦，因為老師真的把我打怕、罰怕了！從那一天開始，我改變了自己的行為模式和寫作業的習慣，當天放學回家，得先把作業寫好才敢跑出去玩。

從小每天被老師揍，被叫去講台罰跪、抄寫作業的經驗，在不知不覺、莫名其妙當中，讓我養成了一個叫做「自主學習」的習慣。這個學習的習慣，其實我小時候也沒有發現，直到長大之後，我才知道原來是這麼一回事。我回到家，一定會先把當天老師交代的功課做完，才開始去玩、去看電視、去做自己的事，後來我發現，這個習慣對我非常的有用，包括我出社會工作之後，也養成了一種習慣，我會先把重要的事情先處理完，不會拖拖拉拉。

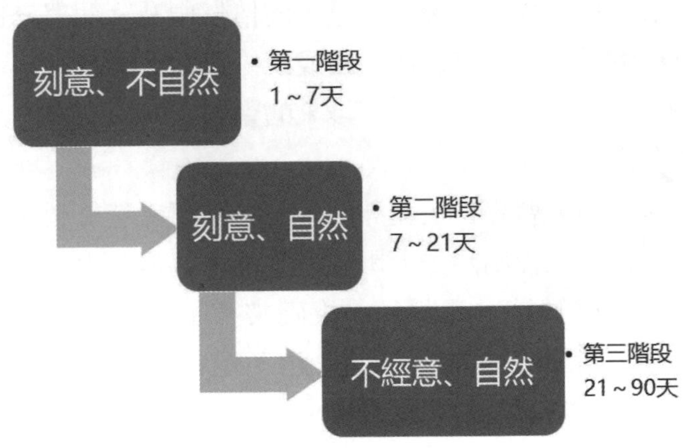

有一個理論，叫做「21天習慣理論」，也就是三個禮拜的時間分成三個階段，第1～7天，接著是8～15天，接下來是16～21天，這三周裡，一個人慢慢的從沒有知覺、沒有察覺，從刻意到不刻意，最後養成了一種習慣，最快只需要21天就能養成習慣。事實上，在英國有個學術機構也去做了研究，他們發現，有些人最快要66天，甚至要到85天才會養成習慣。但我們不管幾天可以養成習慣，反正只要是好的，我們持續的去做，就有機會能夠變成好的習慣。

所以，有錢，有「有錢的習慣」；沒錢，有「沒錢的習慣」。各位不妨觀察一下，如果你現在是屬於有錢人，恭喜你！你之所以能夠成為有錢人，除了可能是富二代、土豪、天上掉下來的以外，大部分的有錢人，都是因為有「有錢人的習慣」。另外，你之所以是沒有錢的人，口袋比臉還要白，口袋一摸，什麼都沒有，這樣的情形中有一個部分也是習慣造就的，因為習慣使然，養成了「沒錢的習慣」跟「習慣沒錢」，所以有錢人有「有錢人的習慣」，沒有錢的人也有「沒有錢人的習慣」。

香港首富，曾經也是亞洲和華人的首富，李嘉誠先生，有一次，他從家裡出門去上班，他的祕書為他開車門，當他正要上車的時候，一彎腰，一枚硬幣掉了出來，硬幣一直滾，不小心掉到了水溝蓋下面。也不過就是一枚硬幣而已嘛！對香港首富李嘉誠先生來說，真的是連九牛一毛的一毛都不值啊！但是，各位知道李嘉誠先生做了什麼事嗎？他請人把水溝蓋打開，費了九牛二虎之力，終於找到這枚硬幣。

他很開心的把硬幣放回口袋，同時，獎勵了他的祕書。

他把這一枚五分錢的硬幣放回口袋，大方的獎勵他的祕書和司機一人100塊港幣。哎呀！這不是很奇怪的事嗎？折騰了老半天，找回了一枚五毛錢的硬幣，可是，他卻獎勵了司機和祕書一個人100塊港幣。有人去問李嘉誠先生：「這不是很奇怪嗎？一枚硬幣也不就是五毛錢，你為什麼為了這枚硬幣花這麼大的功夫？硬幣是找到了，但相對你付出了200塊的代價。這不是很不值得嗎？」李嘉誠先生說：「這枚硬幣就是財富。如果你忽視它、不去救它，慢慢的，財神就會離你而去。」

我們從千萬富翁，香港首富李嘉誠先生彎腰撿硬幣的這個故事裡深有體會，我們發現，人家之所以成為有錢人，一定有它的道理；其中有一個道理，就是對待錢的態度跟觀念是不同的，因為這樣，用錢的方法、行為模式也會不同，可以說他養成了一種正確對待金錢的習慣。見到錢，他一定要把它撿起來，這就是習慣，不知道你們平常在路上如果看到了錢，會不會撿起來呢？我想，如果看到了百元的人民幣、千元的臺幣、百元的美金是一定會撿的，但如果是一分錢、一毛錢，你會不會撿呢？我只要在路上看到錢，不管多少，一定會去撿，有一天，我跟幾個好朋友一起到了柬埔寨，走在路上，看到路上有個小水窪裡，有一枚柬埔寨幣，換算起來，大約是10元台幣，路上人來人往，都沒有人去撿，我一看到就把這枚硬幣撿起來，儘管這枚硬幣很髒，我還是把它抖一抖，擦乾淨，用衛生紙包起來，放在我的口袋。接著，巧合的事情發生了，回到酒店後，當天晚上我就開始發高燒、上吐下瀉，我們經常旅行，所以身上會準備常備藥，吃了藥也沒有用。結果在柬埔寨大概有四天的時間，整個人軟趴趴的在酒店，茶不思飯不想，只要吃東西就吐，一起床人就發軟，到了要離開柬埔寨的前一天下午，朋友找我們聚會，剛好有位當地的朋友，我們就聊到這件事，我說我在路上撿了錢，他們就很用異樣的眼光看著我，他說，你為什麼會去撿這個錢呢？這個錢在柬埔寨當地是當作所謂的消災解厄的買路錢，是有人故意把錢丟在地上的。

我因為入境沒有隨俗，撿了人家消災解厄的錢，還把它放在口袋裡當做寶貝一樣，當然厄運就朝我而來，所以我生了一場病，這是科學無法解釋、很玄的事情。他們請司機去買了椰子水和糖果，叫我把這些東西放在酒店房門口，然後把這枚硬幣丟掉，同時再加碼丟掉我自己的錢。各位，很神奇呀！有三、四天的時間我都癱軟在床上，結果隔天起床，我居然好了七八成！這件事情真要說起來，也是無法用科學解釋。所以不屬於我們的錢，是不能拿的，地上再有錢都不要亂撿，君子愛財取之有道，珍惜我們該珍惜的，我們自己的錢。

人一輩子，沒有錢是不可怕的，最可怕的是習慣了沒有錢的生活，習慣了貧窮！不幸的是我們發現窮的人，會一直窮下去，關鍵原因在於窮人習慣了對命運低頭，從印度的貧民窟當中，我們發現了這個現象，這些貧窮的人家，他們終其一生都貧窮，還把貧窮的習慣傳給了下一代。

曾經紅極一時的一齣電影「我不是藥神」裡，一個賣假藥的人說了一段話，格外發人省思：「我賣假藥這麼多年，發現什麼病都可以治。只有一種病治不了，這種病叫做窮病。」他為什麼說這樣的話呢？其實，他說的是窮人因為沒有錢可以買藥，所以生病的時候是沒有辦法醫治的，原意大概是這樣。可是，我們再深思一下，窮人真的是很悲慘，因為除了生病沒有錢可以醫治之外，窮人基本上也很難有翻身的機會，為什麼很難有翻身的機會呢？歸結到重點就是這幾句話：「習慣貧窮，以及貧窮的習慣」。

所以，很多人可能沒有意識到自己的財商觀，因為我們不會時時刻刻照著鏡子，看自己的外表甚至是行為，有沒有什麼問題。很多人沒有想到，一個人沒有錢、口袋空空，或是沒有辦法成為有錢人，沒有辦法致富、邁向成功，其中大部分的原因是習慣造就的。「習慣」，其實如影隨形，更恐怖的是會代代相傳！所以，我們一定要經常的檢視自己，深度的探究自己的財務狀況，讓自己從無意識變成有意識，再變成潛意識，養成一種有錢的好習慣。

有一個學者，專門研究富人和窮人為什麼會有這麼大的差異。他發現了一個很有趣的現象：52%的富人認為，主要影響成為富人的因素是日常的生活習慣；但是相對的，只有3%的人認為這個觀點是正確的。更吊詭的是，大部分的富人會說，他們有錢是運氣好；而不少的窮人之所以沒有錢，之所以貧窮，他們會說自己運氣不好。你是哪種人呢？你是經常感覺自己運氣好，還是經常感覺自己運氣不好呢？如果你經常感覺自己運氣很好，恭喜你！你將是有錢人。如果你感覺自己總是運氣不好，那麼你有點問題喲！

有錢的習慣對應沒錢的習慣

我們來看看這個問題可能是出在哪裡。問題可能是出在，「有錢的習慣」對應「沒錢的習慣」；或者是，「有錢的習慣」對應「花錢的習慣」。所以，如果我們現在沒有錢，沒有關係；我們如果能夠養成「有錢人」跟「成為有錢人」的習慣，那你一定會成為有錢人。最怕的是你沒錢，卻養成了兩種壞習慣：一種是「沒錢的習慣」，會讓你越來越沒錢；更恐怖的是養成了「花錢的習慣」，不但越來越沒錢，還把錢花光，甚至變成負債。所以，我們來看看「有錢」的習慣，對應於「沒錢」和「花錢」的習慣，我們有沒有這兩種不好的習慣呢？

假設你看到周遭的朋友都買了車，而且都是買新車、買豪車，買了寶馬、奔馳、法拉利、保時捷，你也很想買車，這時候你會怎麼做呢？

大部分的有錢人，把車看做是工具，有時候是生財的工具、有時候是代步的工具、有時候是妝點門面的工具，在「節稅」或「划算」的前提下，他們才會買新車，一般的情形下，大部分的有錢人會去買二手車或租賃車，而沒有錢的人會「貸款」買新車。為什麼會這樣呢？因為有錢人認為，車子不過就是個工具，一買來就折舊，車子只要能開，狀況不要太差就好，他買的仍然是奔馳、寶馬、賓士、法拉利，但他買的是二手車、或租賃車，享有折舊或稅法上的好處，可是我們一般人，卻會買新車，錢不夠就去辦車貸，從此淪為車奴。有錢的人不會輕易地用自己的錢去買車，甚至用貸款的方式來買車，他們最多最多會用什麼方式買車呢？就是用錢所賺到的錢，也就是所謂的「孳息」去買車，還有另外一個狀況，是因為買車後，可以透過退稅的方式，把本來應繳的稅金變成汽車，因為他不買車，錢還是要交給政府當稅金，至少我認識的有錢人，大部分買新車的原因，都是因為稅務上的考量，做成費用的支出，來扣抵稅金。

窮人跟有錢人的差異點到底在哪裡？其實就在於思維跟習慣的差異，窮人習慣殺雞取卵，富人習慣讓雞下金蛋，有個小故事，有兩戶人家比鄰而居，左邊的人家是有錢人；右邊的人家是窮人家，日久相處之後，左邊這戶有錢的人，看到了右邊這戶人家長期活在貧苦和悲慘的狀態，所以有錢的人決定，送沒有錢的這戶人家一頭牛，希望這頭牛能夠為他們耕地，來年可以豐收，有足夠的糧食可以吃，讓他們慢慢的改善生活。一開始，貧窮的人家接受了有錢人家饋贈的這頭牛之後，非常的感激，也把牛牽到農地耕作了幾天，確實很努力、很努力的工作，沒有一絲一毫的偷懶。可是日子一天天的過去，家裡的米缸沒有米了，肚子實在是餓得不行，於是他們家裡的人合起來商量，決定把牛牽去市場賣了，他們計畫的是什麼？一頭牛可以換好幾頭羊，羊一方面可以生小羊，一方面可以產羊奶，大家就可以解決肚子溫飽的問題！所以他們把牛換成了羊，換成了羊之後，日子過了沒多久，又發生了肚子餓的情形了。於是他們把羊宰來吃，宰到最後一隻羊的時候，發現不妙，一直宰羊的話，將來他們就沒有東西吃啦！所以決定再去用羊換了一對公雞和母雞，他們打的算盤是，換了一對雞之後，等雞將來生了小雞、生了雞蛋，我們不但可以吃雞蛋，小雞養大了，還有雞肉可以吃。更有源源不絕的雞，將來可以傳宗接代，不停地生蛋、不停地生小雞，我們就不會肚子餓了！窮人打了這個如意算盤。可是沒多久，雞被抓去燉了雞湯，窮人又再次被打回原形。

與窮人的思維習慣相反，富人都在做什麼呢？富人會用錢去買保險，為將來做資產風險的轉移。同時，富人有錢之後，他們會用錢去買房子，買了房子不是拿來住的，也不是拿來炫耀的，買了房子是拿去出租，透過租金來繳房貸，繳了房貸有了資本利得，再去買更多的房子，將來成為包租公包租婆，同時他們會把錢拿去投資在股市、期貨，或者能夠錢賺錢的渠道和方法、或者去做生意、或者把這些錢留下來，做為儲蓄、做為將來營收的來源，大部分的有錢人，會適當的去規劃跟配置他們的資產。

如果我們身上忽然有了一些錢，我們會做什麼呢？大部分的人，可能就會想要犒賞自己，女生想要去逛街、買衣服、買包包，男生就會找親朋好友唱歌、喝酒，或是來一趟旅行，好好的放鬆、放縱一下自己，這就是一般人的想法，這是錯還是對呢？沒有對錯，人一輩子本來就是來享樂，不是來受苦的，但前提是，當你要花這些錢的時候，你不是花自己辛辛苦苦賺的錢，應該是花你用錢再賺到的錢。這就是有錢跟沒錢的習慣的最大差異。窮人和富人之間差的是錢嗎？現在說創業、談投資，都圍著一個「錢」字。即使不出於媚富的角度，我們也會好奇，窮人甘願過窮日子嗎？他們想不想做富人？對於富人和窮人的現狀，美國理財專家科里用了五年時間對美國的富人、窮人的日常行為和習慣進行調查和分析。他發現：富人與窮人很大的一個差異是「致富習慣」。這其實是種思維，並且與生活習慣很像，就像良好的生活習慣會使人身體健康甚至是長壽，不良的生活習慣會影響到人們的壽命。

美國作家湯瑪斯・科里（Thomas C. Corley），用了整整五年的時間，採訪233名白手起家的富翁和128位窮人，隨同他們的日程，對比他們的生活軌跡，他發現富人與窮人很大的一個差異是"致富習慣"。調查顯示，在每天24小時，1440分鐘的時間裡，大部分人在睡覺、工作、飲食、交通上花費了1200分鐘；而造成富人和窮人區別的，就在於那剩下的短短240分鐘，在這240分鐘的習慣裡，兩種人走向了截然不同的命運。這240分鐘，窮人拿去養成讓他變窮的習慣；而有錢人、富人，把這240分鐘拿去養成了讓他變成有錢人的習慣，這240分鐘說短不短、說長不長，也就是每一天中的四個小時。有錢的人，會拿這些時間來學習、來閱讀、來跟比他更優秀的人交流、跟比他更有錢的人交換意見和想法。而沒有錢的人、普通的人、平凡的人會拿這些時間來幹嘛？不要問別人，問問你自己，你下班後都在幹嘛？是不是回家之後，梳洗完就開始追劇、打遊戲、看手機，到必須要上床睡覺了，才依依不捨的放下手機上床睡覺？所以，大部分的人之所以會沒有錢，都是因為我們的習慣造就的。

讓人變窮的習慣

1、習慣拖延

2、三分鐘熱度

3、自我設限

4、總是找藉口

5、拒絕學習

讓人變窮的習慣有很多，數不勝數，我們簡單的列出幾個，你看看自己有沒有這幾個毛病。

一、習慣拖延：舉例，今天老闆、主管交代一份工作，我們是不是能拖則拖，拖到不能拖了之後草草了事，隨便交一個報告上去呢？

二、做事情三分鐘熱度：朋友找我們一起去做生意，一開始興沖沖地做，之後發現沒搞頭，遇到困難、挫折、挑戰、被罵、被拒絕，接下來就打死不幹。

三、自我設限：我做不到、我不可能、我不行。

四、總是找藉口：我做不好是因為我運氣不好、我做不好是因為我沒有學歷、我做不好是因為我沒有富爸爸。

五、拒絕學習：沒有持續的讓自己保持學習，更新自己的狀態。

讓人變富有的習慣

1、保持健康

2、持續閱讀

3、培養人脈

4、採取行動

5、感恩與禮貌

6、充滿激情

7、為目標而奮鬥

8、敢於拒絕

一、富人關心自己的身體狀況

86%的富人會結交能夠幫助自己實現夢想和目標的人，比如跑步、慢跑、健走、騎自行車、游泳等等。

二、富人會閱讀

富人都喜歡閱讀並且有長期閱讀的習慣。而閱讀的書籍類別，可不是小說類而是自我成長類別的書籍。事實上，有高達88% 的富人每天花費30分鐘閱讀相關書籍，而窮人則只有2% 。

三、富人會培養人脈

86%的富人會結交能夠幫助自己實現夢想和目標的人，也就是在追求成功的道路上與他們志同道合的人。

四、富人是決策者

91%的富人為自己的業務做出決策，他們快速做出決定，並且接受決定帶來的後果，他們不對事情思慮過度，而是迅速採取行動。

五、富人講究禮儀

75%的富人會送出致謝卡片，也會在公休日或其他特殊時刻送出賀卡。他們將「請」、「謝謝」和「我是否可以」掛在嘴邊。他們在聽別人說話時會注視對方。他們將自己關心的人的生日、紀念日和各類人生大事的日期牢記在心。他們不會批評、譴責或抱怨別人。

六、富人充滿激情

82%的富人堅持做自己感興趣的事，激情就像一個開關，它一旦打開，人們就獲得了堅持不懈的能量，而堅持是所有成功人士的頭號特質。

七、富人設定並且追求宏大的目標

55%的富人會花上至少一年時間追求某一個目標。

八、富人經常說「不」

對那些可能阻礙自己實現人生目標和夢想的人和事說「不」是富人的習慣之一，拒絕別人很難，但這是富人們常用的一個重要的時間管理工具。

有一天，我經過火車站，看到火車站外面有好多遊民，我心生憐憫，心裡有種感觸，為什麼他們不回家？為什麼他們不找個地方住？為什麼他們不找個工作？後來，我才想起了「習慣造就了命運」，真希望他們能不用再看人家的臉色、靠人家的施捨來過日子，能不能有錢並不是老天爺注定的，能不能成功也不是老天爺注定的，能不能致富，成為有錢人，也不是老天爺決定的，都是你自己的決定。

第十章

致富的第一堂練習

全世界最大的手機代工廠叫做鴻海富士康，富士康集團是在1974年成立於臺灣臺北，老闆叫做郭台銘，郭董在全球最多人的時候擁有多少員工呢？大概有將近130萬人，一個公司能擁有將近130萬名員工，到底是怎麼做到的？還有郭董賺錢的方法，跟我們賺錢有什麼差別呢？郭董在創辦鴻海富士康的時候，本來只是一家小工廠，通過自己不斷的努力，幾十年的發展根基，慢慢的併購以及取得了更多的先進的技術和客戶資源，漸漸發展成為全球最大的手機代工廠，知名的蘋果手機就是鴻海富士康所代工的。每一天24小時，日夜不停歇的，全球各地方的員工，每一分每一秒都在為公司創造價值，為郭董賺錢，如果我們用最少的金額計算，這些人一天為郭董賺1塊錢就好，郭董一天的收入是130萬元，同時間的我們，跟郭董的收入來比較，是不是有很大的差異？

人活在這個世界上最有價值的東西是什麼呢？最有價值的東西其實是時間，上天對我們非常的公平，不管你是年紀大的、年紀小的、生病的、健康的、男的、女的，不管你是什麼種族，是西方人、東方人，有錢、沒有錢，做什麼行業，大家有一點基本都是公平的，也就是時間，每一個人一天有24個小時，每一個小時有60分鐘，每一分鐘有60秒，這是老天爺對我們最公平的地方，同時也是我們這一輩子最珍貴的地方，有一天佛陀跟他的弟子在對話，祂問弟子，大家明不明白什麼叫做人的一生？

佛陀把所有的弟子、徒弟通通叫過來，大家坐在一起等待佛陀開示，佛陀說到：「大家都說說看你們天天托缽乞食究竟是為了什麼？」其中有弟子就開始回答：「師尊！這是為了滋養我們的身體，保全生命」，大多數弟子們都不假思索的認同這個回答；佛陀就再問：「那肉體生命到底能維持多久呢？」有些人說可以活個10年、20年、50年甚至70年，好好的保養的話，上百年也不成問題吧！佛陀搖搖頭說：「你們並沒有明白生命的真相到底是什麼」。弟子們想了又想，終於有一位弟子，跳出來說：「師尊！人的生命呢，在春夏秋冬之間，春夏萌發、秋冬凋零」。佛陀聽了之後，還是笑著搖搖頭說：「你覺察到了生命的短暫，但是你只看到生命的表象」。然後又有人說：「師尊！我想起來了，人的生命在於飲食之間，所以才要托缽乞食啊！」弟子一臉欣喜地回答這個題目，以為他已經答對了，結果佛陀又說：「不對！不對！人活着不只是為了乞食」。這個時候弟子們面面相覷，一臉茫然，因為大家都不知道佛陀到底要問大家的題目跟答案是什麼。

就在這時，一個毫不起眼的，正在起火的小弟子，怯生生的說道，因為他沒有信心所以說的很小聲，但是他終究還是說出來了，他說：「依我看，人的生命恐怕是在一呼一吸之間吧」。佛陀聽完之後連連點頭微笑說：「沒錯！人的生命就在於一呼一吸之間」。佛陀告訴他：「你體會到了人類生命的真諦。我們的生命不是在50年100年之間，而是在一呼一吸之間，在這一分一秒之中，我們都要相當的珍惜，因為我們的時間就像流水一樣，一去就不再復返，我們的生命永遠不可能倒轉」。愛因斯坦曾經說過，我們一來到這個世界，社會就在我們面前豎起了一個巨大的問號，等待着我們去探索。你想怎麼樣度過自己的一生？我從來不把安逸和享樂，看作是生活目的的本身，生命短暫的就如一道流星一樣，唰一下！稍不留神就跟他擦肩而過，所以浪費生命是最大的悲劇。不管是佛陀也好，偉大的大科學家愛因斯坦也好，都在告訴我們一件事情，我們這一輩子最珍貴的是時間，總共有多少時間呢？在一呼一吸之間。

我覺得有很多人，活了大半輩子，都沒有搞清楚人世間真正的財富與寶藏是什麼。其實，所謂真正的有錢，並不僅是我們銀行有很多的儲蓄，家裡有很多現金、黃金、古董等，這些值錢的東西，或者名下有好幾套房子，這不是有錢，這是窮到只剩下錢。真正有錢的定義是當你想花錢的時候，沒有花錢的壓力，同時你又可以把自己的時間解放出來，做自己想做的事情。人最可悲的事情，就是沒錢時用我們珍貴的時間去換取金錢，等有錢的時候，我們想用錢把時間換回來，但那已經是永遠不可能做到的。

所有成功的人，他們都深深地明白一件事情，就是時間的價值。我們經常聽到“時間就是金錢“這句話，你會發現一件事情，今天你如果能夠好好的把握運用時間，不需要人家去督促你、要求你，沒有人看著你的時候，你仍然能好好的運用你的時間去創造自己生命最大的價值，那麼你就會擁有很多很多的財富，甚至有人願意為你所創造的價值開出很高的價格來購買你所創造的東西，你自然而然就能夠成為有錢人。

美國知名的企業家洛克斐勒，曾經說過一句話：「窮人用金錢衡量價值，而富人用時間衡量價值所在」。所以致富的第一堂練習，就在於你能不能好好的運用和管理時間，同時不要再用金錢來衡量價值，而是要用時間來衡量價值。在賺錢這件事情上，大家可能都會陷入的一個誤區，就是我們用大量的時間投入去換取金錢的回報，比如說去公司、工廠上班、去開店做個生意、經營一個項目做買賣，通過投入時間去換取收入，等我們擁有金錢之後，我們就把這些錢拿去買房子、買汽車、買食物、買奢侈品，拿去買我們想要的，我們習慣用金錢來作為交換物質的衡量標的，但事實上，整個概念應該反轉過來，用時間來做價值交換的衡量標的，才是正確的思維。

大家想像一下，如果有一天我們去買東西，我們跟對方達成一個協議，例如：本來我們到便利商店跟老闆買東西，老闆說這一瓶飲料賣十塊錢，我們掏十塊錢出來給老闆，那我們就完成一筆交易；可是有一天，老闆不要錢了，他說：「來！這一瓶飲料賣你，代價是你一輩子當中十分鐘的時間」，所以你要把自己十分鐘的壽命交割給他，才能完成這筆交易，這瓶飲料你還買嗎？這個叫做時間價值換算法；原來那一套叫做金錢價值換算法，我們先用時間換取金錢，然後再用金錢去換取我們想要的東西，如果我們把中間的媒介「金錢」拿掉，接下來的所有交易都用「時間本位」會是什麼狀況呢？

我們先回頭推算一下，我們的時間到底值多少財富，舉例：有一個人的月薪是32000塊錢，他一天工作八個小時，一個月工作20天，也就是他一個月投入，8小時x20天=160個小時，再用32000塊錢去除160個小時，得到了他的時間價值是200塊錢／小時，也就是每一個小時值200塊錢，這200塊錢可以做什麼呢？如果我們到商店裡面去買一包米，剛好也是200元的話，那麼就要耗去我們一個小時的時間。

從現在開始，所有交易都不再用「元」，而改用「T」，有一件衣服在過去買需要1000元，如果改用時間「T」來計價，要用多少的時間來換呢？1000元除以200元/時，就是5小時（5T），我如果要買這件衣服，我就跟老闆說：「這件衣服請賣給我」，老闆說：「好！你現在把你這一輩子當中的五個小時（5T）交割給我」，大家聽得懂意思嗎？再如果，你來上我的課，本來一小時收1000「元」，現在我要改收5T，也就是你要把你5個小時的壽命交割給我，你願意嗎？

如果你的生命當中，有十年的時間，這是你最精華、最重要的十年，而且完全不可逆的時間，有兩個選擇擺在你的面前，第一個你把這十年拿去換384萬元的房子（月薪32000元x12月x10年=384萬），什麼意思呢？當你去買這個房子的時候，你把十年的壽命，交割給地產開發商，你願意嗎？又或者你要拿這十年的時間來經營自己喜歡的領域、做自己喜歡做的事？這裡有兩個選項給各位選，你要選哪一個呢？選一還是選二？你只能選一個，因為你只有一個十年，除非你要付出另外一個十年的代價，所以當你明白這件事情之後，你會開始很緊張，因為分秒都不能浪費。

「致富的第一個練習」，充分明白及掌握時間的價值，讓時間等同於金錢，用這樣的態度來面對你的時間、來對待你的金錢。所以今天你想要成為有錢人，第一件事情你要改變自己的態度，過去用金錢作為衡量一切價值的單位，現在你要倒過來用時間來衡量，值不值得你去投入、去購買、去消費。除了對時間的價值有清楚的認知，我們還要努力的去提升時間所代表的價值，如果你的年薪是15000塊，那麼你每天的價值是62，每個小時是7.75、每分鐘0.13；年薪到兩萬五的時候，每天的價值是103.3，每小時價值是12.9，每分鐘的價值是0.22；如果你的年薪是10萬的時候，你每天的價值會變成413.2、每個小時會變成51.7、每分鐘的價值是0.86，時間的價值就是等於你所創造的財富，以及你所擁有的購買力和你人生當中屬於你自己的快樂時光。

時間的價值等於事件的價值乘以做事的效率，什麼叫事件的價值？就是你去做某一件事情，做完後這個事情會產生多少的價值？你多快去完成這件事，叫作做事的效率。把這兩個相乘就會得到你的時間價值，越是有錢的人，他的時間價值就越高，舉例：我們剛剛講了郭董的例子，

郭董的時間價值=事件價值（每人1元）x做事效率（一分

鐘是130萬個單位，因為他的一分鐘有130萬個人在幫他工作賺錢）=130萬元/分

如果事件的價值不是1，是10、是100呢？也就是說他的員工，每一分鐘，不只幫他賺1塊錢，而是10元、甚至100元，這將是什麼概念呢？這也正是郭董之所以能成為臺灣的首富，能成為全球富豪榜上名人的原因。

要如何提高時間的價值，提高效率？

跨出這一步的方法很簡單，也就是你被炒魷魚了，從今天開始你沒有老闆，你是自己的老闆，從今天以後你不是為任何人工作，你是為自己工作，在你的心態上做一次重大的調整，從現在此刻開始，你要對自己所有做的事情負責任，過去你還在上班的時候，趁老闆或主管不注意，還有可能混水摸魚，接下來你不能再做這些事，因為你自己是自己的老闆。你可以浪費別人的金錢，但是你不能浪費自己的時間，因為時間就是金錢，你去上班什麼工作都沒有做，時間到老闆照樣給你發薪水，你去浪費別人的金錢沒有毛病，但是當你這樣做，同時也在浪費自己的時間，所以為什麼你沒有辦法成功致富是因為你的心態有問題，從今天開始你沒有僱主，你就是自己的僱主，如果你今天改用這種心態來面對，重新面對你現在所做的事情，你還會用同樣的方式來上班嗎？我相信你會改變的。

老闆跟員工的心態最大的差別在哪裡呢？在過去可能老闆交代我們去做一件事情，你會告訴老闆說我不會做、我不想做，這是員工的心態，可是如果你今天自己是自己的老闆

呢？那你會怎麼做？你會說：「我想做！」即便你不會做，你也會問說我該怎麼做？如果今天你做不到、做不好，你會說我會盡全力的去做，最後會變成我能做、我會做，然後我做到了。所以今天作為成功致富練習的第一步，首先明白時間的價值，然後調整自己的心態，從員工的心態調整成老闆的心態，現在沒有老闆僱傭你，你自己是自己的老闆，所以你還會浪費時間生命嗎？

泰戈爾說，當你為錯過太陽而哭泣時，那你必然也會錯過月亮和星星，為什麼呢？因為當你在哭泣的時候你的眼中全都是淚光，你看不到美麗的星光跟月光，所以從這一刻現在開始，不要再去悔恨、追悔過去所犯過的錯誤，但是我們要重新的振作自己。站起來往前走，不要再錯過太陽、星星跟月亮，好好地把握自己生命中的每一分每一秒，因為他們非常的珍貴，當你明白如果你在浪費時間，就好像你把你的壽命交割給別人那樣，那你還會再浪費嗎？做自己生命的主人，做自己時間的主人，當你能夠做自己的主人，做自己的老闆，回頭掌握自己的命運，為自己分分秒秒創造價值的時候，你就成為富翁了。

第十一章

航向未來財富的新航道

現在有的人沒有工作，想忙沒得忙。另外也有一種人，整天非常非常的忙碌，是窮忙和瞎忙；關鍵是很多窮忙和瞎忙的人還賺不到錢。如果你從出社會開始到現在，一直都還沒有賺到錢，而且你是屬於那種非常忙碌的、窮忙或瞎忙的人，你要注意啦！或者，你從出社會到現在根本沒有忙過，那當然沒有賺到錢，你也要注意啦！

對有些人來說，貧窮是長久的；對有些人來說，貧窮只是短暫的。如果暫時沒有賺到錢，沒有關係，大家不要介意。但是我們一定要思考，為什麼我沒有賺到錢？而且，往以後的五年、十年看，如果你都沒有賺到錢的把握，那你應該要來反思，你現在的選擇是不是出現了問題？什麼意思呢？也就是說你現在的這個工作、這個項目、這個行業、這個崗位、這個職位，是不是出現了問題？如果出現了問題，我們該回頭來重新做出正確的選擇，因為在一開始的時候，選擇會比努力更為重要。

「選擇比努力更重要」這句話是什麼意思呢？很多人在出社會的時候，都不知道該選擇什麼樣的行業、選擇什麼樣的工作、選擇什麼樣的項目、選擇什麼樣的公司。我們為什麼會選擇這間公司、選擇這個項目、選擇這個工作呢？可能因緣際會下自己投遞的履歷、因為自己的學習和專業、因為親朋好友的介紹、因為被人家帶到了這間公司、帶到了這個城市，所以選擇了這個行業。可是你有沒有想過，當你做出選擇的時候，你對這個行業、對這間公司、對這個項目、對這個工作有充分的明瞭嗎？明瞭它的未來、明瞭它的前瞻性、明瞭它對你生命當中的意義，和財富的指標嗎？

所以很多人窮忙了一輩子，工作了20年、30年、40年、50年之後，在退休的那一天才猛然的發現：為什麼付出了一輩子的時間和代價，仍然不能透過自己的努力成為有錢人呢？因為，當時你沒有停下來思考，沒有停下來檢視你的選擇是否正確。所以，如果你到現在都沒有賺到錢；往前看，賺不到錢；往後看，賺不到錢；不管是前、後、未來、過去，都沒有賺到錢；現在你應該思考的事情，是改變你的航道，改變你的航向。我們換一種方式來賺錢。

馬雲曾經說過一段名言，他說：「搶錢的時代，哪有功夫跟那些思想還在原始社會的人磨嘰？只要是思想不對的人，我們直接就下一個；看不到商機的人，也直接下一個。我要找的是合適的人，而不是把誰改變成合適的人，我也基本改變不了誰。雞叫了，天會亮；雞不叫，天還是會亮的。天亮不亮，雞說了不算；問題是，天亮了，誰醒了。」馬雲說出了這段話，我想各位親愛的朋友們，我們是不是也要反思一下：他要找的所謂的對的人、合適的人，你是不是屬於他說的那種人？還是被他放棄，下一位呢？

我長期在職場上、在商場上觀察很多人對於賺錢的想法、態度跟觀念。我發現，能夠賺到錢的人，基本上就像馬雲所說的一樣，不用去改變他，他自己就會汲汲營營、很努力的用正向積極的態度，往前去解決所有的問題，所以他們能夠賺到錢，他們能夠成功。但是相反的，我看到很多的朋友沒有成功、賺不到錢，更多的原因是期待別人去改造他的思想，更恐怖的是，當有人要改造他的思想，改變他、告訴他正確的觀念和思想的時候，很多的人是抗拒的。你是屬於哪一種呢？如果你能夠接受，恭喜你！你將迎來財富的自由！

如果你始終是抗拒的那一個人，不管別人怎麼說，你都抗拒這樣的想法、抗拒這樣的做法，那麼你的態度出現了一個基本的問題，你會離你理想的生活會越來越遠。很多人都只有想，而不去做；很多人想，卻跟做的事情是相反的、完全背道而馳。所以，我要來提醒各位，我們之所以還沒有成功、之所以還沒有致富，可能最大的原因是在於，我們的選擇出了問題。我們做錯了工作、做錯了項目、做錯了行業；可是你沒有去思考、沒有去反思；如果你再堅持下去，你可能也會做不出好的結果。

為什麼我們不會去思考或反思，卻會去習慣現在的生活呢？因為我們會有一種狀況，就是待在所謂的舒適區，或是舒適圈。當你待在這個區域或圈子的時候，你會感覺非常的舒服，你只想做你習慣的、拿手的，跟接觸你習慣的、喜歡的人，你不會想要去改變跟挑戰。舒適圈的外面，叫做學習區。如果你想要擴大你的舒適圈，你就必須不停的去學習。

我想請問各位，你們每一天花多少時間在學習、在擴大自己的舒適區呢？再往學習區的外面，是一片未知；因為未知，所以人們會恐慌；所以最外圈叫做恐慌區，人們一旦到達恐慌區就會退縮。

所以，當你對於人性有所理解之後，我們回頭來想想，今天我們沒有辦法做出改變或調整，不能怪我們自己，也不能怪其他人，是因為我們已經習慣了所謂的舒適區，或舒適圈的領域。因為舒適圈或舒適區的領域，會麻痹你現在的生活、現在的工作、對於未來夢想的渴望與期待，因為太舒服了！就像躺在沙發上一樣，非常的舒服，你根本不想起來。所以，如果你想要做出一些不同的事情、想要與眾不同，改變你的命運，脫離貧窮、成功致富，那麼你應該勇敢的走出所謂的舒適圈，或者是舒適區。

為什麼我們要勇敢的走出舒適圈呢？因為當你走出舒適圈，才會發現這個世界上，所有你想得到的東西，之所以到現在還沒有得到，是因為這些東西全都不在你的舒適圈，而是在你的舒適圈外面；你要離開舒適圈，才能夠去得到你想要的東西。所以，我們來看看在舒適圈的外面和裡面，到底有什麼內容及巨大的差別。

根據統計，世界上大概有90％的人，也就是九成的人，十個當中有九個會待在所謂的舒適圈，也就是感覺最舒適的環境。因為在這個環境裡面，你會感到很舒服，會不想改變。待在這個環境裡面會是什麼樣的狀況？會有平庸的生活，只為了生存。這裡面會存在什麼想法呢？存在著安於現狀。你會不停的告訴自己：「我沒有辦法，我很勞累，我很沮喪，我充滿了恐懼，我只是一個平凡的人。」在圈內的環境讓你感覺舒適，同時也帶給你很多的負面的想法、負面的能量以及負面的磁場。

相對於待在圈內，圈外的環境又是什麼呢？圈外的環境對一般人來說，不敢輕易的去挑戰。因為在舒適圈的外圈會產生未知，人們會對未知產生恐懼。可是我們如果能夠突破這個圈圈，不再畫地自限，不再框住自己，你會發現圈外的世界充滿了各種的燦爛繽紛；包括勇氣、成功、財富、信念、熱情、實現、海闊天空；我有辦法與能力！深具信心、擁有夢想、財富、自由，以及每天活在快樂、興奮的狀態！這就是圈內的世界，和圈外的世界最大的差別。

有很多人曾經嘗試要跳出舒適圈，可能你也曾經是其中一個人。跳出去的過程當中，如果一下子就跳到了恐慌區，很多人會彈回來。舉個例子，很多人不喜歡跟陌生的人打交道，不喜歡跟陌生的人接觸；或者很多人對於別人賺錢的項目感到興趣，可是卻不願意去了解，因為他會覺得恐慌。尤其是世界上有一種工作叫做營銷，很多人對於營銷這種工作是排斥的；如果你今天做的是行政的工作，一旦你接觸到營銷，你會覺得非常的恐慌。所以你又會再被打回舒適圈，最後你一個月就會只領3萬元的工資。

也有一些人，試著透過慢慢擴大自己的舒適圈；也就是透過學習，慢慢的把圈子擴大。中間有個緩衝的區域，叫做拉伸區。透過擴充，慢慢的讓自己向上成長、改變、突破。

選擇這條路的人，我們會看到他的收入在增加，他在社會上的地位在提升，他所擁有的財富在累積；可是，他會不會擁有大量的財富，或是獲得巨大的成功？這是未知的，要看通過舒適區拉伸的彈性，也就是你通過這一段過程的快慢。有很多人，可能用三年、五年；可是有更多的人，可能要用十年、二十年才能夠改變自己、突破自己。

具體來說，我們要如何才能果斷地擴張自己的舒適圈？脫離自己感覺舒適的環境，朝圈外所謂的藍天、詩和遠方邁進呢？你要回頭跟自己對話。因為我們發現，生命對我們不斷訴說的，就是讓我們找到內在源源不絕的那種潛力；而內在源源不絕的潛力，來自於你的覺醒。所以，你應該要有勇氣讓自己覺醒過來，覺察到自己的現狀。感覺一下現在的情形對你是好，還是不好？滿意，還是不滿意？做出正確的選擇跟改變。

15世紀時，當時的造船以及航海的技術還沒有很先進，如果在大海上航行，基本上就是與天搏命，可能充滿了很多的冒險；甚至更多時候代表的是，失去生命以及所擁有的一切。1492年，哥倫布終於說服西班牙的女王伊莎貝拉資助他，開始了他的大探險之旅。哥倫布從西班牙出發，一路航行；本來他希望能夠找到一條往東南亞的航線，結果他一路向西航行，到了一個未知的地方，這未知的地方就叫新大陸。哥倫布不是第一個到達「新大陸」的人，可是他卻是引起風潮的人。西元1492年的時候，當時西班牙的國王是費爾南多，王后是伊莎貝拉。西班牙剛好正結束對於伊比利半島格拉納達的戰爭，獲取了勝利，攻克了非洲依比利半島上最後一個穆斯林的統治地區。他們遇到了哥倫布的遊說；他們心裡壓根覺得哥倫布的探險旅行，是不可能成功的。於是，他們答應了哥倫布的條件，告訴哥倫布，如果他成功的話，將會給予很多很多優厚的報酬。

這些優厚的報酬包括，哥倫布將被授予世界海洋的海軍上將，同時將被指派為他發現的所有領土領地的總督、統治者；以及提名任何一個人來任職這些新土地上的任一個部門；同時他可以從這些土地的永久收益當中提取10%的收益。西班牙的國王和王后為什麼會答應他這些條件呢？因為，當時沒有人相信哥倫布會發現新大陸，所以輕易的許諾他。甚至他們覺得，哥倫布的船一出海，可能就會遇到大風浪而沉沒。而哥倫布相對的透過了他的冒險行為，為他創造了人生的巔峰。因為哥倫布所帶動的西方大航海時代，從西班牙開始，葡萄牙、荷蘭、英國這些海權國家、列強帝國主義，陸續向世界各個未知的領域探索，造成了從15世紀、16世紀一直到18世紀、19世紀的全球各地的殖民潮；這個行為改變了人類的命運。我們回頭看看自己，我們站在人生的十字路口上，你有沒有敢於下海的勇氣？有沒有敢於向大海發起挑戰的怒吼？

歐普拉是美國知名的脫口秀主持人，也是非常優秀的企業家。她曾經說過一段話。全世界，沒有比這個東西更好的禮物，是什麼呢？讓我們自己去回應和榮耀我們自己的天賦，以及我們天生所帶來的使命。因為你再也不可能給予，或接受到比讓你榮耀自己的使命、天賦，以及我們活在世界上所生存的意義，更好、更有價值的東西了。這是為什麼我們會活在這個世界上，也是為什麼我們會成為現在這個活生生的人。所以，我們活在這個世界上，絕對有我們的價值跟意義，那就是找到我們的存在。

我們的存在是什麼呢？我們這輩子應該要活成什麼樣子呢？活成你想要的人嗎？不是的，是要活成你所相信的。信念創造實像，在你想要獲取之前，你要先相信他，漁夫出海捕魚前，他也不知道魚在哪裡，可是他還是去了，不但去了，還天真的相信，這次漁獲一定收獲滿滿，你想成為有錢人，你要先相信你能成為有錢人；你想成功，你要先相信你能成功。在這之前，你必須付出代價，就是探索自己真正存活在這個世界上的意義和價值。你應該完成你所帶來的天命和使命，回應大自然、回應老天爺、神、造物主對我們的期待，活成我們所相信的人，而不是你想要的人。

很多人，把這些東西都搞錯了。比如說，我們相信自己終將成為全世界、全宇宙最富足、最富有的人，你就會成為那樣的人，不管你有沒有錢。而大部分的人，都是想要成為有錢的人、富足的人，那只是想要，你根本沒有相信你會得到。哪怕你有一天得到了，你也會失去，因為你沒有足夠的底蘊去持有它。而持有它的關鍵，在於你堅定的相信你會得到，也是因為這份相信轉成了你的信念，讓我們內心產生改變的勇氣，脫離舒適圈、脫離我們所在的舒服的環境，勇敢的去創造、去挑戰、去面對這些未知的恐懼，因為你敢挑戰，你才有資格擁有這一切的祝福跟財富。

美國著名的黑人牧師馬丁・路德・金恩，也是改變了美國種族隔離政策和白人至上主義最關鍵的人。他說：「我有一個夢，我希望有一天美國人再沒有分膚色跟種族。」他的這些話，從此改變了美國黑人的地位。馬丁・路德・金恩博士說：「如果你不能飛，那就奔跑；如果你不能奔跑，那就行走；如果不能行走，那就爬行。但無論你做什麼，都要保持前行的方向。」所以我親愛的朋友、家人們，讓我們不管是用飛的、用跑的、用走的，哪怕是用爬的，我們都要往前持續的前進和邁進，跟過去怯懦的自己說再見，讓我們重新回頭檢視自己，過去的五年、十年、二十年，甚至三十年；往後檢視未來的五年、十年、二十年，甚至三十年。我們繼續做這個工作、做這個項目、做這間公司、做這個產業，有沒有前景和未來？如果你到現在都沒有賺到錢，那麼，你是時候該做出選擇了。

1、設定可以被達成的「大」目標。

2、迅速地把你所設定的目標做成「大事」。

3、接受、宣講，並對你的信念採取行動。

4、用誠信及勇氣，正能量的方法來實現目標。

5、隨時檢視你的行為，不管在行動前或行動後。

當我們明白了怎麼去做出正確的選擇跟改變，接下來我們該如何行動，來達成我們所設定的目標，實現終極的財富自由，航向未來財富的新航道呢？方法很簡單，總共有五個步驟。

第一個步驟，設立一個你可以執行，你可以達到的最大目標。不是別人哦！是你可以做到的大目標。這個大的目標，是由你來定義的，但你千萬不要去設一個連自己看起來都微不足道、而且非常容易達到的目標；關鍵是在於這個大目標。舉例，如果你現在一個月能夠賺3萬塊，對你來說，大的目標就是讓自己一個月可以賺30萬塊，這對你來說就相當的大了。可是如果對一個老闆、個體戶來說，他一個月可以賺100萬塊，設定一個月賺30萬塊的目標不但不大，還非常渺小，所以目標是你個人能力所能及的，不要去參考別人，像是以前的大陸首富王健林說：「先設定一個小目標，賺它一個億。」這不是一般人可以輕易達成的，你應該去設立一個目標，按照你現在的能力跟條件，盡量的去挑戰；同時這個目標是可以被達成的，不要去設一個完全達成不了的目標。舉例，如果我的年收入有100萬元，我設立了一個新的目標，今年要年收入一個億，這是不可能的事情，這樣的目標就不是真正可以被達成的大目標。

第二個步驟，我們要迅速的把你所設定的目標做成大事。也就是說，你今天設立了一個目標；舉例，我現在月收入只有3萬塊，我希望月收入能夠變成30萬，這是大目標，對你來說是相當大的挑戰，同時你要很認真、很迅速的，開始把這個目標當做你一輩子最大的大事，你的生命當中沒有比這個還要更大的事，所有的東西遇到這件事情都要讓路。所以，你要迅速的把你所設定的目標做成大事。

第三個步驟，從你的心裡開始接受、宣講，並對你的信念採取行動。也就是說，你要發自內心的去相信，這件事情是可以被做成功的；同時，你要到處告訴別人，你想要做什麼、你相信什麼、而且你一定可以完成什麼。很多人不敢講出來；當你不敢講出來，就是對自己有所懷疑、有所保留，你就不會全力以赴去做。所以你一定要毫無保留，大聲的告訴全世界，我要做這個事情，而且我一定能成功！就像20年前的馬雲開始說互聯網的夢的時候，沒有人聽懂他在講什麼，但是他接受、他宣講，而且他有堅持的信念，做到成功為止。

第四個，用我們的誠信及勇氣，還有正確、正能量的方法來實現目標。我們不能用剝削別人的勞力、用傷害別人的方法，用犯罪、違反道德行為準則的方式，去實現所謂的目標，來獲取我們自己的利益。

第五個，隨時檢視你的行為；不管在你行動之前，或行動之後。把你所設定的目標，和你的行為做高度的聯結，同時不停的去檢視：你在做這件事之前，以及做這件事情之後，有沒有改變？有沒有朝著實現目標的方向前進？有沒有機會成就你自己？所以，通過不停的檢視和修正，來改變我們的方法。注意！是改變我們的方法，不是改變目標。成功的人與失敗的人、平凡的人最大的差別是，成功的人永遠不改目標，但是會不停的去修正做事的方法，以達成他的目標。一般人、普通人、失敗的人，是永遠不會去改變方法，但是會不停的修正目標。所以，如果你想要成功、你想要航向財富的新航道，你要設定好新的目標。新的目標就是，可以讓你實現終極財富的自由，成為所謂的企業家或投資者。在這條路上，你把目標設定好，朝著這個目標前行；不要去改變目標，而是去改變方法。當你做不到、達不成的時候，不是目標有問題，是方法有問題。你應該改變的是方法，而不是目標。

如果你一直沒有找到正確致富的方法，到目前為止沒有成功，沒有賺到錢，那麼一定是你的航線出現錯誤。我們要改變航海的航線、航海的方法，甚至是航海的工具。所以你要做出適當的選擇，把你的羅盤以及航海圖拿出來，航向心目中的新大陸；一旦選定方向之後，就再也不更改目標以及方向。在航行之中，一定有各種航行的冒險跟挑戰，還有驚人的、駭人的波浪會來阻礙你前行。我們應該要做的事情是，堅定我們的意念，直到航行到成功的彼岸；讓我們一起航向財富自由的新大陸。

國家圖書館出版品預行編目資料

21天學會財商，創造財富的新思路／王志吉著. --初版.--臺中市：白象文化事業有限公司，2021.7
面； 公分
ISBN 978-986-5488-29-1（平裝）
1.理財 2.投資 3.財富
563 110005036

21天學會財商，創造財富的新思路

作　　者　王志吉
校　　對　王志吉
發 行 人　張輝潭
出版發行　白象文化事業有限公司
412台中市大里區科技路1號8樓之2（台中軟體園區）
出版專線：（04）2496-5995　傳真：（04）2496-9901
401台中市東區和平街228巷44號（經銷部）
購書專線：（04）2220-8589　傳真：（04）2220-8505
專案主編　黃麗穎
出版編印　林榮威、陳逸儒、黃麗穎、水邊、陳媁婷、李婕
設計創意　張禮南、何佳諠
經紀企劃　張輝潭、徐錦淳
經銷推廣　李莉吟、莊博亞、劉育姍、林政泓
行銷宣傳　黃姿虹、沈若瑜
營運管理　林金郎、曾千熏
印　　刷　基盛印刷工場
初版一刷　2021年7月
初版二刷　2023年7月
定　　價　300元

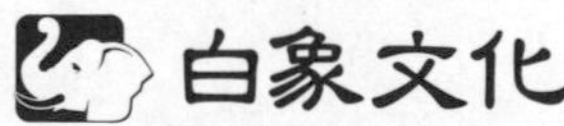